## はじめまして。

アミリーとマコはとっても仲良しな姉妹。
お友達のマロンと一緒にお出かけを楽しんでいます。
『着せかえあみぐるみDOLL』は、おしゃれが大好きな
アミリーと、マコ、マロンによるコーデダイアリー。
いろいろな着せかえを試して、
おしゃれを楽しみましょう！

## Contents

4 おしゃれアイテム一覧
8 コーディネート一覧

9 **PART 1** おでかけコーディネート

- 10 Snowfall ／雪遊び
- 12 February 14 ／バレンタインデー
- 13 Trip ／ドライブ
- 14 Café ／ティータイム
- 16 Library ／読書
- 18 Station ／待ち合わせ
- 20 Museum ／美術鑑賞
- 21 Recital ／ピアノ発表会
- 22 Hiking ／お花見
- 24 Bakery ／お買い物
- 26 Amusementpark ／遊園地
- 28 Camp ／虫捕り
- 30 Beach ／海水浴
- 32 Party ／お誕生日会

33 **PART 2** 夢のコーディネート

- 34 花嫁
- 36 チアガール
- 38 バレリーナ
- 40 ウエイトレス
- 42 フラガール
- 44 サンタガール
- 46 キャビンアテンダント

実物大

**マコ**
アミリーの妹で、元気いっぱいな女の子。最近おしゃれに目覚めて、アミリーの洋服をこっそり借りている。

## 48 PART 3 あみぐるみDOLLの基本レッスン

- **48** 主な用具と材料
- **49** あみぐるみDOLL（アミリー）の作り方
- **62** あみぐるみDOLL（マロン）の作り方
- **64** How to make/ 全アイテムの作り方

・写真は人形の原寸（身長約19cm）です。
・人形本体に形状保持材が入っているので手足は動かせますが、自立はできません。写真は針で支えて撮影しています。
・記載のないアイテム（ミニチュアグッズなど）は、すべて作家の私物です。
・本書で紹介する各アイテムは22cmドールにも対応できます。

### アミリー
おしゃれが大好きなちょっぴりシャイな女の子。栗色のロングヘアがお気に入りで、ヘアアレンジもお手のもの。

実物大

### マロン
どこからともなく現れたアミリーとマコの親友。遊びに行くときはいつも二人と一緒♪

## おしゃれアイテム一覧

トップス、ボトムス、アウター、小物など、アミリー自慢のアイテムが勢ぞろい！

### アウター・トップス

**01** コート
P.14、18
How to make ▶**P.64**

**02** ワンピース
P.21
How to make ▶**P.65**

**03** ノースリーブワンピース
P.14
How to make ▶**P.66**

**04** ニットワンピース
P.12
How to make ▶**P.67**

**05** フリルチュニック
P.30
How to make ▶**P.68**

**06** 羊のジャンパースカート
P.11、32
How to make ▶**P.69**

**07** 2Way カーディガン
P.10、16、20、22
How to make ▶**P.70**

**08** ボーダーセーター
P.18、22
How to make ▶**P.71**

**09** モヘアセーター
P.13
How to make ▶**P.72**

**10** タンクトップ
P.22、26
How to make ▶**P.72**

**11** ラグラン袖Tシャツ
P.26
How to make ▶**P.72**

**12** ボーダーTシャツ
P.28
How to make ▶**P.73**

**13** ホルターネックキャミソール
P.24
How to make ▶**P.73**

## ボトムス

**14** ミニスカート
P.13、26
How to make ▶ **P.74**

**15** 巻きスカート
P.16
How to make ▶ **P.74**

**16** 松編み模様のスカート
P.20
How to make ▶ **P.75**

**17** チュチュスカート
P.18
How to make ▶ **P.71**

**18** ジーンズ
P.22、26
How to make ▶ **P.75**

**19** レギンス
P.28
How to make ▶ **P.75**

**20** ショートパンツ
P.10、22、30
How to make ▶ **P.75**

**21** ワイドパンツ
P.24
How to make ▶ **P.76**

## シューズ

**22** デッキシューズ
P.22、26、28、36
How to make ▶ **P.77**

**23** ストラップシューズ
P.14、21
How to make ▶ **P.77**

**24** パンプス
P.22、24、26、46
How to make ▶ **P.77**

**25** ベルト付きブーツ
P.10、12、16、18
How to make ▶ **P.78**

**26** ロングブーツ
P.11、13、18、20、32
How to make ▶ **P.78**

**27** 編み上げブーツ
P.14、44
How to make ▶ **P.78**

## 小物

**28** 羊の帽子
P.32
How to make ▶ **P.69**

**29** カンカン帽
P.26、30
How to make ▶ **P.79**

**30** 麦わら帽子
P.24、26、28
How to make ▶ **P.79**

**31** ベレー帽
P.20
How to make ▶ **P.80**

**32** ニット帽
P.10、12
How to make ▶ **P.80**

**33** フード付きケープ
P.11
How to make ▶ **P.81**

**34** マフラー
P.12、13
How to make ▶ **P.82**

**35** マロンのマフラー
P.10、12、18
How to make ▶ **P.82**

**36** マロンのパーティ帽
P.32
How to make ▶ **P.83**

**37** スイカ
P.30
How to make ▶ **P.83**

**38** かごバッグ
P.24
How to make ▶ **P.84**

**39** トートバッグ
P.26
How to make ▶ **P.84**

**40** パールバッグ
P.21
How to make ▶ **P.84**

**41** ショルダーバッグ
P.18
How to make ▶ **P.85**

**42** ベルト（ピンク）
P.13、26
How to make ▶ **P.82**

**43** ベルト（トリコロール）
P.22、24、26
How to make ▶ **P.82**

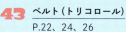

## 花嫁 P.34

**44** ヘッドドレス
How to make ▶ **P.85**

**45** ウエディングドレス
How to make ▶ **P.86**

**46** パンプス
How to make ▶ **P.77**

## チアガール P.36

**47** ポンポン
How to make ▶ **P.87**

**48** ワンピース
How to make ▶ **P.87**

**22** デッキシューズ
How to make ▶ **P.77**

## バレリーナ P.38

**49** ヘッドアクセサリー
How to make ▶ **P.88**

**50** チュチュドレス
How to make ▶ **P.88**

**51** バレエシューズ
How to make ▶ **P.78**

## ウエイトレス P.40

**53** キャップ
How to make ▶P.90

**52** エプロンワンピース
How to make ▶P.89

**54** ストラップシューズ
How to make ▶P.77

## フラガール P.42

**55** ハイビスカスの髪飾り
How to make ▶P.90

**57** トップス
How to make ▶P.90

**56** ハワイアンレイ
How to make ▶P.90

**58** スカート
How to make ▶P.90

## サンタガール P.44

**60** サンタ帽
How to make ▶P.92

**61** マロンのサンタ帽
How to make ▶P.92

**59** ワンピース
How to make ▶P.91

**27** 編み上げブーツ
How to make ▶P.78

## キャビンアテンダント P.46

**62** トーク帽
How to make ▶P.93

**63** ワンピース
How to make ▶P.93

**24** パンプス
How to make ▶P.77

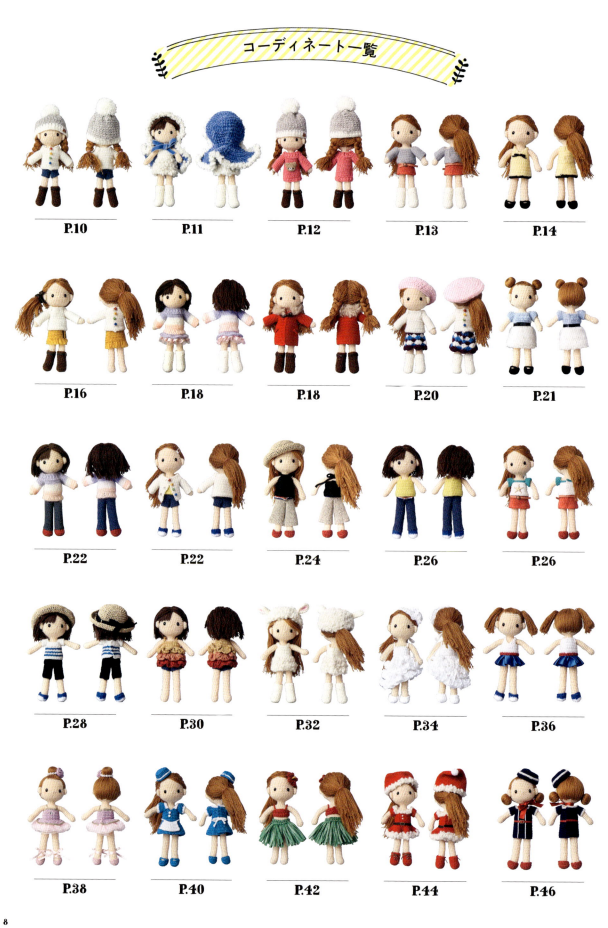

## おでかけコーディネート

アミリーとマコのおでかけシーンを公開!
カジュアル系からファンシー系まで
18パターンのコーデからお気に入りを見つけてね。

# Snowfall 雪遊び

**み**んなで雪合戦！ アミリーはざっくりニット帽、マコはフード付きケープ、マロンはピンクマフラーで、あったかコーデ。

本日の**アミリーコーデ**

32 / 07 / 20 / 25 / 35

本日の アミリーコーデ

34　32　04　25　35

バレンタインデーはマロンとリンクコーデ。マロンのアップリケが付いたピンクのセーターは、アミリーのお気に入り♡

# February 14　バレンタインデー

本日の**アミリーコーデ**

34　09　14+42　26

## Trip ドライブ

パステルトーンのアイテムにマフラーとブーツを合わせたドライブコーデで大人っぽく。マロンはスカーフが決まってる！

おでかけコーディネート

Pu! Pu!

*Café* ティータイム

**オ**ープンカフェでホッと一息。ワンピースの上にファー付きの真っ赤なコートをさっと羽織れば、外でもへっちゃら。

読書って楽しいね♪

本日の **アミリー** コーデ

07　15　25

# Library
読書

**本**が大好きなアミリーが落ち着ける場所。2way仕様のカーディガンをセーターにして、秋色の文学少女風コーデに。

おでかけコーディネート

## Station
待ち合わせ

**電**車を待ってみんなでお出かけ。アミリーはお気に入りのコートで、マコはふわふわセットアップのフェミニンコーデで登場。

おでかけコーディネート

本日の**アミリー**コーデ

# *Museum*
## 美術鑑賞

**絵**を描くのも見るのも大好きなアミリー。ベレー帽とおしゃれなスカートのおすましコーデでアーティスト気分。

本日の **アミリー** コーデ

02
40
23

## *Recital*
ピアノ発表会

**発**表会はお団子ヘア。レース使いがポイントのワンピースに、パールのハンドバックを合わせたおめかしコーデで晴れ舞台へ。

おでかけコーディネート

# Hiking
### お花見

春の恒例行事といえばお花見♪ アミリーは脱ぎ着できるカーディガンを、マコはパステルカラーのセーターをセレクト。

本日の
**アミリー**コーデ

07
10
20 22

本日の**マコ**コーデ

08
18
+
43
24

おでかけコーディネート

# Bakery
お買い物

早起きして人気のパン屋さんへ。ホルターネックのトップスにベージュのワイドパンツを合わせて、気分はパリジェンヌ♪

本日の **アミリーコーデ**

30

13

21+43

38

24

おでかけコーディネート

# Amusement Park

遊園地

二人で仲良く遊園地。マコはタンクトップ×ジーンズ、アミリーはTシャツ×ミニスカートのカジュアルコーデでアクティブに！

## 本日のアミリーコーデ

11　30　24　14+42

## 本日のマココーデ

29　10　18+43　22　39

\ 虫捕り /
# Camp

**シ**マシマTシャツとレギンスを合わせたボーイッシュコーデ。おしゃれのアクセントに麦わら帽子を忘れずに！

本日の **マコ** コーデ

12
30
22
19

おでかけコーディネート

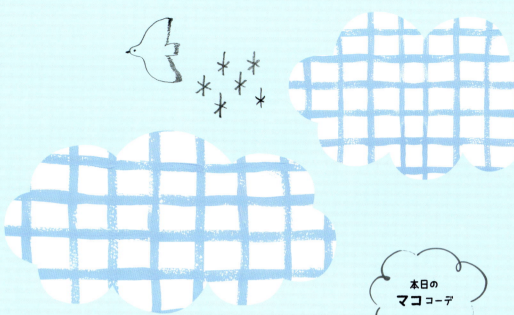

## Beach 海水浴

**海**ではしゃぐマコとマロン。3段フリルのチュニックにショートパンツを合わせた夏コーデは、元気なマコにぴったり！

本日の**マコ**コーデ

29　05　37　20

おでかけコーディネート

# PART 2

## 夢のコーディネート

アミリーが憧れるお仕事服や
華やかなコスチュームを紹介！
どれがいちばん似合うかな？

## 花嫁

レースと毛糸でボリューム感のある華やかなドレスに。繊細なヘッドドレスとブーケを身につけたら、気分はお姫様♪

白バラがキレイでしょ？

すっきりとまとめ髪。

ふわふわのフリルがお気に入り♡

夢のコーディネート

## チアガール

サテンのリボンを使ったミニスカートで元気いっぱい！ 赤いポンポンやツインテールなどチアならではの演出もポイント。

フレー！フレー！

今日はツインテール！

ツヤツヤのスカート。

白×青がさわやかでしょ。

夢のコーディネート

## バレリーナ

チュチュのレース、ラインストーン、ビーズ、リボン……。キラキラをたっぷり取り入れたら麗しのプリマドンナに♡

お団子をもっとかわいく!

## ウエイトレス

小さなキャップと白いエプロンのワンピースがレトロな雰囲気。まるで50'Sのアメリカンウエイトレスのよう。

後ろ姿もかわいいでしょ？

夢のコーディネート

エプロンは取り外しできるよ。

帽子は斜めかぶりがオススメ。

## フラガール

ラフィア風の糸で作ったスカートがポイント。首にかけたレイや頭に付けたハイビスカスがハワイアン気分を盛り上げる。

アロハオエ〜♪

ハイビスカスが決め手！

みんなで踊ろう♪

夢のコーディネート

## サンタガール

白いふわふわとベルトがポイントのワンピース。大きなサンタ帽と編み上げブーツを合わせたら、かわいいサンタの完成!

帽子は大きめがかわいい。

フウフウ。寒いね。

ベルトが決まってるでしょ?

夢のコーディネート

# キャビンアテンダント

トリコロールカラーが印象的なワンピース。頭にちょこんと乗せたトーク帽と赤いリボンのスカーフでかっこよく決めて。

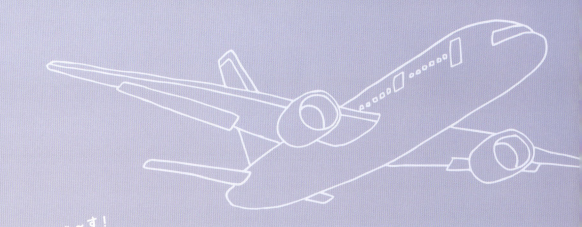

いってきま～す！

夢のコーディネート

リボンのスカーフでキリッと。

お団子ヘアを大人っぽく。

アテンションプリーズ。

# PART 3

## あみぐるみDOLLの基本レッスン

あみぐるみDOLLを作る際に必要な用具・材料、
詳しい作り方を紹介。

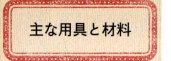

主な用具と材料

手芸店や100円ショップなどで購入できます。

### 基本用具

①毛糸（ハマナカ ピッコロ）
②綿（クリーンわたわた100g（H405-001））
※2019年2月より「ネオクリーンわたわた100g（H405-401）」に名称変更
③セロハンテープ　④ボンド　⑤はさみ
⑥ピンセット　⑦アミアミ両かぎ針　⑧とじ針、縫い針
⑨形状保持材（H204-593テクノロート）

### 材料

①ボンテン
②9ピン
③ミニボタン
④ミニヘア留め
⑤楕円刺し目(6.5mm)
⑥ラインストーン
⑦スナップボタン(6mm)
⑧ツノ型ダッフルボタン
⑨パールビーズ(4mm)
⑩半球パール(4mm)
⑪ミニバックル

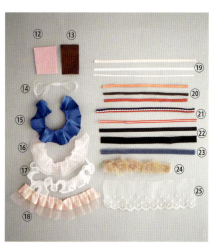

⑫フェルト
⑬革ハギレ
⑭ビーズ用透明ゴム
⑮サテンフリルリボン
⑯オーガンジーフリルリボン
⑰プリーツジョーゼットリボン
⑱フリルリボン（メッシュ）
⑲サテンリボン
⑳スエード紐
㉑ストライプリボン
㉒グログランリボン
㉓ベルベットリボン
㉔ファーテープ
㉕チュールレース

### 主な使用糸

ティノ
アプリコ
ウオッシュコットン〈クロッシェ〉
ウオッシュコットン
エコアンダリヤ〈クロッシェ〉
エコアンダリヤ
フラックスC
エンペラー
ピッコロ
コロポックル
ハマナカモヘア
ルナモール
ソノモノアルパカウール
ソノモノループ

※基本用具①②⑦⑨、使用糸は全てハマナカの製品です。

## あみぐるみDOLL（アミリー）の作り方

[糸] 〔本体〕
ピッコロ #45（薄橙色）18g、
#21（茶）4g（マコは#17（こげ茶）4g）、#1（白）2g
〔髪の毛・植毛〕
ティノ #13（茶）7g、（マコは#14（こげ茶）5g）
〔髪の毛・刺しゅう〕
ティノ #13（茶）2g

[針] かぎ針3/0号、とじ針

[その他] 楕円刺し目（6.5mm）2個、9ピン（0.7×40mm）2本、
クリーンわたわた15g、ピンセット、
テクノロート（H204-593）50cm、セロハンテープ少々、
頬紅少々、ボンド、はさみ、綿棒1本

[作り方]
①わの作り目から各パーツを編み図のとおりに編む。頭部以外は編み終わりの糸を約30cm残してカットする。頭部は21段目まで編んだら、編み地を裏表にひっくり返し、続きを編む。
②頭部と胴体に綿を詰め、とじ針を使って巻きかがりで合わせる。残り3分の1くらいになったら、首にもしっかりと綿を詰めて、残りを合わせる。
③テクノロートを30cm（足用）と20cm（手用）にカットし、胴体の3段目（足）と15段目（手）に通す。
④それぞれのテクノロートの先をねじり、切り口部分をセロハンテープでとめる。
⑤手、足をテクノロートに被せ、中に綿を詰め、巻きかがりで合わせる。
⑥耳を縫い付ける。
⑦30cm（マコは20cm）にカットした糸を156本用意。フリンジを付ける要領で植毛位置に糸を付ける。(刺しゅうタイプは刺しゅうをする)
⑧髪の長さを揃えてカットする。
⑨刺し目にボンドをつけ、差し込む。
⑩鼻の刺しゅうをする。
⑪綿棒で頬に軽く頬紅をつける。
⑫顔の輪郭を整える。

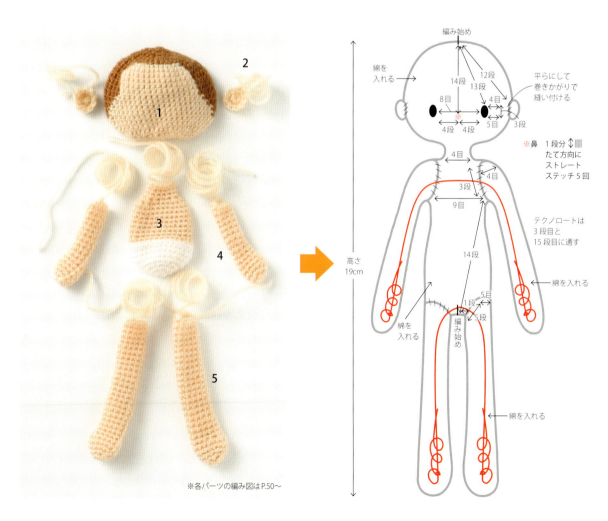

※各パーツの編み図はP.50〜

**1 頭部** (1枚)

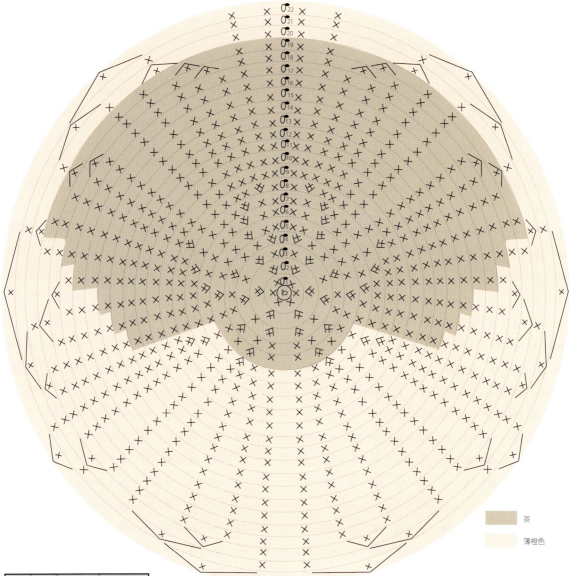

茶
薄橙色

| 段数 | 目数 | 増減数 | 色 |
|---|---|---|---|
| 22 | 12目 | -8目 | 薄橙色 |
| 21 | 20目 | -6目 | 薄橙色 |
| 20 | 26目 | -10目 | 薄橙色 |
| 19 | 36目 | -6目 | 茶／薄橙色 |
| 18 | 42目 | -6目 | 茶／薄橙色 |
| 9〜17 | 48目 | 増減なし | 茶／薄橙色 |
| 8 | 48目 | +6目 | 茶／薄橙色 |
| 7 | 42目 | +6目 | 茶／薄橙色 |
| 6 | 36目 | +6目 | 茶／薄橙色 |
| 5 | 30目 | +6目 | 茶 |
| 4 | 24目 | +6目 | 茶 |
| 3 | 18目 | +6目 | 茶 |
| 2 | 12目 | +6目 | 茶 |
| 1 | 6目 | | 茶 |

**2 耳** 薄橙色(2枚)

| 段数 | 目数 | 増減数 |
|---|---|---|
| 2 | 9目 | +3目 |
| 1 | 6目 | |

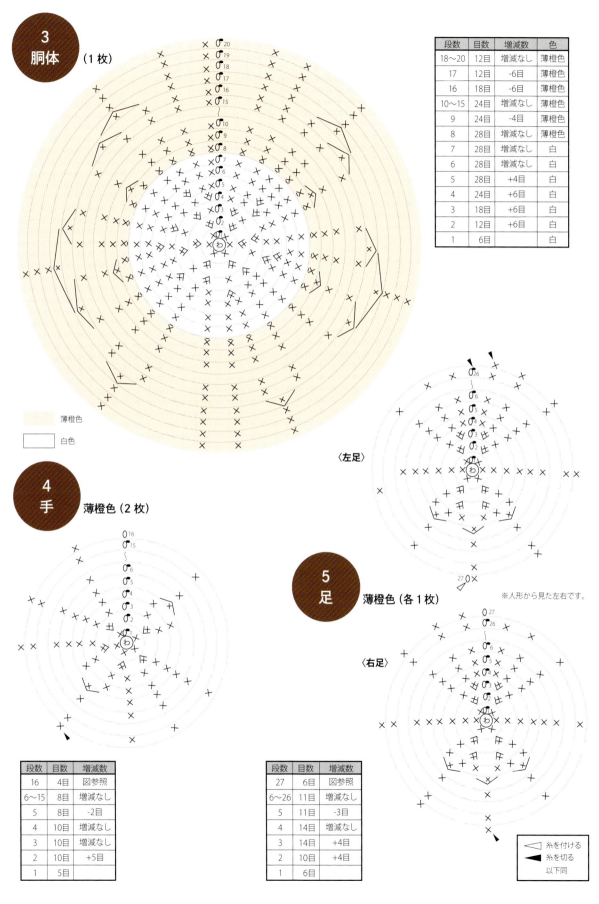

## 〈頭部を作る〉

**01** 茶の糸を左手の人さし指に2回巻きつけ、わを作る。

**02** 指からわを抜く。

**03** 左手中指と親指でわを押さえ、人差し指に糸をかけ、わの中にかぎ針を通し糸をかける。

**04** 糸を引き出し、糸をかける。

**05** 糸を引き出す。立ち上がりのくさり編みが1目編めたところ。

**06** わの中にかぎ針を通し、糸をかけて引き出し、糸をかけて2ループを引き抜き細編みを編む。

**07** 06を繰り返し、わの中に細編みを6目編む。

**08** かぎ針をわの中に入れ、短い糸をしっかり引っ張り、わを縮める。

**09** 1目めの細編みの頭にかぎ針を入れ、

**10** かぎ針に糸をかけ、

**11** 糸を引き抜く。1段目の完成。

**12** 2段目の立ち上がりのくさり1目を編む。

あみぐるみDOLLを作る

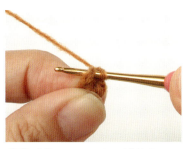

**13** 前段の1目めの頭にかぎ針を入れる。

**14** 細編みを1目編む。

**15** 同じ目に針を入れる。

**16** 細編みを1目編む。細編みを2目編み入れたところ。

**17** 13～16を5回繰り返し、引き抜き編みをして2段目の完成。

**18** 3段目以降も編み図のとおりに6段目の11目めまで編み、12目めの細編みの最後の引き抜きの際に、薄橙色の糸に替える。

**19** 薄橙色の糸を引き抜く。

**20** 茶の糸は手前に休めておく。

**21** 13目め～23目めまで薄橙色の糸で編む。

**22** 24目めの細編みの最後の引き抜きの際に、休めていた茶の糸をかぎ針にかける。

**23** 糸を引き抜く。

**24** 25目めからは薄橙色の糸を向こう側に置き、

**25** 茶の糸で編みくるみながら編む。

**26** 17段目まで編み図のとおりに編む。

**27** 18段目から編み図のとおり細編み2目1度をする。

**28** 前段の細編みの頭に針を入れて糸を引き出し、さらに次の目の頭に針を入れて糸を引き出し、

**29** 糸をかけ、かぎ針にかかっている3ループを一度に引き抜く。

**30** 編み図のとおり、21段目まで編み、編み口を折り返し、

**31** 編み地を裏表にする。

**32** 22段目まで編んだら頭部の完成。

## 〈胴体を作る〉

**33** 編み図のとおりに白色の糸で7段目の27目めまで編む。

**34** 28目めの細編みの最後の引き抜きの際に、薄橙色の糸に変える。

**35** 薄橙色の糸で引き抜き編みをして、8段目の立ち上がりのくさり1目を編む。

あみぐるみDOLLを作る

**36** 編み図のとおりに20段目まで編む。

**37** 胴体の完成。頭部とつなぐ際に使用するので、編み終わりの残り糸を約30cm残してカットする。

## 〈綿を詰める〜頭部と胴体をつなげる〉

**38** 少量ずつ綿を取ってピンセットで詰める。

**39** 頭部の隅々までしっかり詰める。

**40** 胴体も同様にしっかりと綿を詰め、編み終わりの残り糸をとじ針に通し、

**41** 頭部と胴体と巻きかがりで縫い合わせる。

**42** 残り3分の1あたりで一旦針を休める。

**43** 頭がグラグラしないように、隙間から首に綿を詰める。

**44** 残りも縫い合わせる。

**45** 頭部と胴体が縫い合わさったところ。手足、耳も編み図のとおりに編んでおく。

〈残りのパーツをつなげる〉

**46** 胴体15段目に太めのとじ針を刺して通し穴を作る。

**47** とじ針が通った穴に20cmにカットしたテクノロートを少しずつ通し、

**48** 貫通させる。

**49** 同様に胴体3段目にも30cmにカットしたテクノロートを通す。

**50** テクノロートの先端を4cm程度曲げてねじり、セロハンテープで切り口部分をカバーする。

**51** 左手の先に綿を詰める。

**52** テクノロートに左手を被せる。

**53** とじ針で半分まで縫い合わせ、足りない部分に綿を詰め、残りも縫い合わせる。

**54** 同様に右手も綿を詰めながら縫い合わせる。両足は立ち上がりを後ろにして両手と同様に巻きかがりで胴体に縫い付ける。本体の完成。

〈耳を付ける〉

**55** 頭部の指定の位置に耳を二つ折りにして置く。

**56** 耳は平らにした状態で編み口と頭部をとじ針を使って巻きかがりで縫い合わせる。

**57** 同様にもう片方の耳も縫い合わせる。

## 〈髪の毛 Aパターン〉(植毛)

**58** 茶の糸(ティノ)を約 30cm(マコは 20cm)にカットし、二つ折りにしてかぎ針で頭部の1段目に引き抜く。

**59** 輪に糸を通し、

**60** 糸を引っ張る。

**61** 同様に1段目の6目全部に糸を付ける。

**62** 同様に植毛図を参考に糸を付ける。

**63** 適宜好みのボリュームにするために、気になるところに糸を追加してもOK。

[植毛図]

[アミリーお団子]

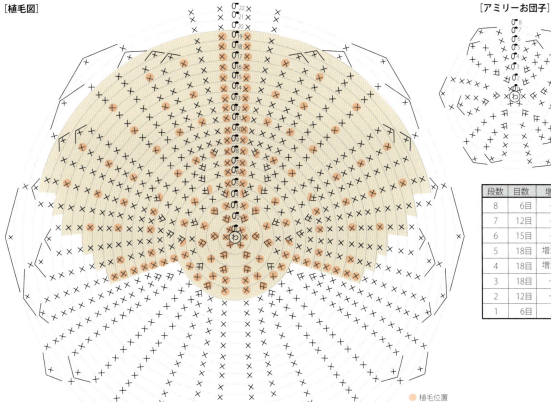

● 植毛位置

| 段数 | 目数 | 増減数 |
|---|---|---|
| 8 | 6目 | -6目 |
| 7 | 12目 | -3目 |
| 6 | 15目 | -3目 |
| 5 | 18目 | 増減なし |
| 4 | 18目 | 増減なし |
| 3 | 18目 | +6目 |
| 2 | 12目 | +6目 |
| 1 | 6目 | |

## 〈髪の毛Bパターン〉（刺しゅう）

**64** 約120cmにカットした茶の糸を4本取りにする。

**65** 頭部の生え際に糸を通し、

**66** 頭頂部へ糸を渡す。

**67** 1目分となりから針を出し、頭頂部から生え際に糸を渡す。

**68** 1目分となりから針を出し、

**69** 生え際から頭頂部、頭頂部から生え際に糸を渡すのを繰り返す。

**70** 糸を足しながら **64〜69** を繰り返し、頭部全体に糸が渡ったら完成。

## 〈お団子を作る〉 ※編み図はP.57

**71** 編み図のとおりにお団子を作り、編み終わりの糸を約30cm残してカットする。二つ折りにした9ピンの先にボンドを付けて、中に綿を入れ差し込む。

**72** さらに綿をしっかり詰める。

**73** 編み終わりの残り糸で8段目の外側半目に、とじ針を中心から外側に入れる。これを頭目6目分繰り返す。

**74** 糸をしっかり引っ張る。

**75** 9ピンの先の輪の中に糸を通して、数回編み口部分を縫い留める。

あみぐるみDOLLを作る

**76** 約60cmにカットした茶の糸を2本取りになるように通す。

**77** 編み口（上部）に糸を出す。

**78** 同様に上から下に、団子をくるむように糸を渡していく。

**79** 編み地が見えないように全体をくるんだら完成。

**80** 頭頂部に刺せば、お団子ヘアに。左右に付ける場合は2つ作る。

〈毛束を作る〉 ※長さ、ボリュームはお好みで

**81** 指3本に茶の糸を約35回巻き付け、糸をカットする。

**82** 指から糸の束を抜き、わになった片方に糸を通して結び、もう片方ははさみでカットする。

**83** 長さを整えたら毛束の完成。ツインテールにする場合は2つ作る。頭部に付けるときは、付けたい部分の編み地に糸を通して結ぶ。

〈前髪を作る〉

**84** 生え際部分に糸を通し、おでこにとじ針を入れ、

**85** 生え際にとじ針を出し、糸を渡す。

**86** 同様に生え際からおでこに糸を渡すのを繰り返すと、前髪の完成。

## 〈顔を作る〉

**87** 差し目の足部分にボンドを付ける。

**88** 指定の位置に差し目を差し込む。

**89** お好みの角度に調整し、押し込む。

**90** とじ針と薄橙色の糸で、指定の位置に鼻を刺しゅうする。

**91** 綿棒に頬紅を少量付け、ぼかすように色を付ける。※お好みで

**92** ピンセットを使ってやや下ぶくれになるように頬をふくらませる。

**93** 同様にこめかみ部分はへこませ、顔に凹凸を付ける。

**94** あごをしっかりと出す。

**95** 編みぐるみ DOLL（アミリー）の完成。

## 〈口をつける場合〉 ※お好みで

赤い糸で大きな口をつけると元気な印象。

赤い糸で小さな口をつけると大人っぽい印象。

## あみぐるみDOLLを作る

### 〈ヘアカット〉

ロングの場合は、いちばん短い髪の毛に合わせてカットする。

ボブにする場合は、髪の毛を下に引っ張り、長さを揃えながらカットする。

### 〈ヘアアレンジ〉

ボブヘアにカット、前髪あり。

ロングヘア、ノーマルバージョン。

二つに分けて結んだお下げ髪。

二つに分けて三つ編み。

お団子を頭頂部に付けたヘア。

お団子のツインアレンジ。

毛束を二つ付けたツインテール。

毛束を一つ付けたポニーテール。

# あみぐるみDOLL（マロン）の作り方

[糸] ピッコロ #38（薄茶）9g、#2（オフホワイト）1g
[針] かぎ針3/0号、とじ針
[その他] 楕円刺し目（4.5mm）2個、あみぐるみノーズ（4.5mm）
黒1個、ハマナカクリーンわたわた 6g、
テクノロート（H204-593）15cm、頬紅少々、綿棒1本、
セロハンテープ少々

[作り方]
①わの作り目から各パーツを編み図のとおりに編む。頭部以外は編み終わりの糸を約30cm残してカットする。
②頭部と胴体に綿を詰め、とじ針を使って巻きかがりで合わせる。残り3分の1くらいで首にもしっかりと綿を詰めて、残りを合わせる。
③鼻の中に綿を詰め、とじ針を使って頭部に縫い付ける。
④刺し目とあみぐるみノーズにボンドを付け、差し込む。
⑤とじ針を使って、耳を頭部に縫い付ける。
⑥テクノロートを胴体の11段目に通す。
⑦テクノロートの先をねじり、切り口部分をセロハンテープで止める。
⑧手をテクノロートに被せ、中に綿を詰め、とじ針を使って巻きかがりで合わせる。
⑨足の中に綿を詰め、とじ針を使って胴体に縫い付ける。
⑩しっぽの中に綿を詰め、とじ針を使って胴体を縫い付ける。
⑪綿棒で頬に頬紅をつける。
※基本的な組み立てはP.55～を参照。

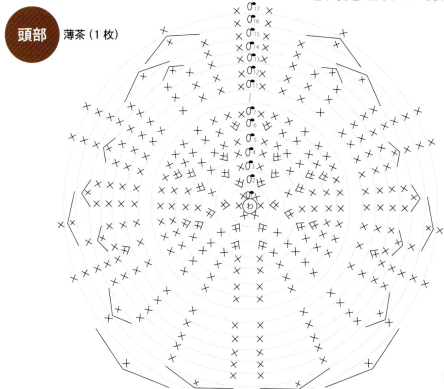

**頭部** 薄茶（1枚）

| 段数 | 目数 | 増減数 |
|---|---|---|
| 17 | 14目 | -2目 |
| 16 | 16目 | -6目 |
| 15 | 22目 | -6目 |
| 14 | 28目 | -6目 |
| 13 | 34目 | 増減なし |
| 12 | 34目 | +2目 |
| 7～11 | 32目 | 増減なし |
| 6 | 32目 | +4目 |
| 5 | 28目 | +4目 |
| 4 | 24目 | +6目 |
| 3 | 18目 | +6目 |
| 2 | 12目 | +6目 |
| 1 | 6目 | |

**耳** 薄茶（2枚）

| 段数 | 目数 | 増減数 |
|---|---|---|
| 3 | 9目 | -3目 |
| 2 | 12目 | +6目 |
| 1 | 6目 | |

**鼻** オフホワイト（1枚）

| 段数 | 目数 | 増減数 |
|---|---|---|
| 2 | 6目 | 増減なし |
| 1 | 6目 | |

**しっぽ** 薄茶（1枚）

| 段数 | 目数 | 増減数 |
|---|---|---|
| 3 | 6目 | -3目 |
| 2 | 9目 | +3目 |
| 1 | 6目 | |

**手** 薄茶（2枚）

| 段数 | 目数 | 増減数 |
|---|---|---|
| 3～7 | 8目 | 増減なし |
| 2 | 8目 | +2目 |
| 1 | 6目 | |

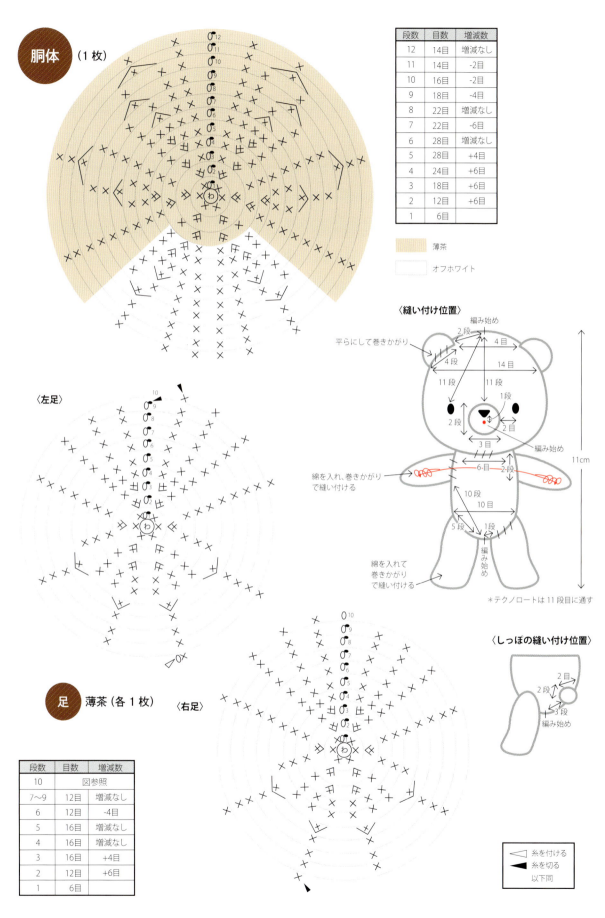

## 01 コート ▶ P.14、18

[糸] ピッコロ #6（赤）12g
ウオッシュコットン〈クロッシェ〉#138（茶）1g
[針] かぎ針3/0号、とじ針、縫い針
[その他] ファーテープ（幅1cm）12cm、
ツノ型ダッフルボタン焦げ茶1個、茶の縫い糸少々、茶のフェルト3cm角、ボンド

[作り方]
① くさり編み44目で作り目をし、25段目まで編み図のとおりに身頃を編む。
② 続けて1周縁編みをする。
③ 袖ぐりから16目拾って袖を編む。
④ フラップを編む（2枚）。編み終わりの糸を約30cm残してカットする。
⑤ 図のようにダッフルボタンとループを茶の縫い糸で縫い付ける。
⑥ 図のように⑤の縫い付けた部分に、上からフェルトで作った台布をボンドで貼り付ける。
⑦ ファーテープを襟部分にボンドで貼り付ける。
⑧ とじ針を使って残り糸でフラップを縫い付ける。

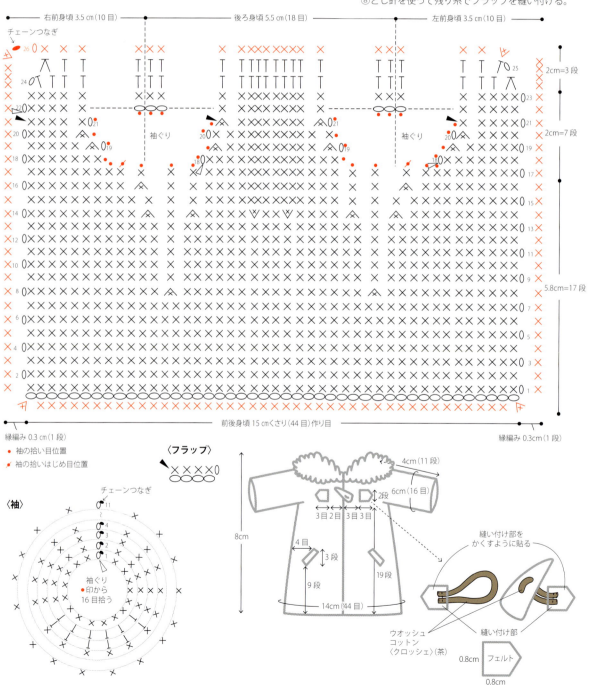

## 02 ワンピース ▶ P.21

[糸] ハマナカモヘア #1（白）4g、#3（水色）3g
[針] かぎ針4/0号、縫い針
[その他] グログランリボン（幅6mm）20cm、
チュールレース 21cm、白の縫い糸少々、
スナップボタン2組、ボンド

[作り方]
① くさり編み34目で作り目をし、編み図のとおりに上身頃を編む。
② 作り目の反対側から目を拾って、スカートを編み図のとおりに編む。
③ 袖ぐりから14目拾って袖を編む。
④ チュールレースにギャザーを寄せながらウエスト部分に白の縫い糸で縫い付ける。
⑤ グログランリボンをウエスト部分にボンドで貼る。グログランリボンで中央のリボンを作り、ボンドで貼り付ける（図参照）。
⑥ 縫い糸でスナップボタンを縫い付ける。

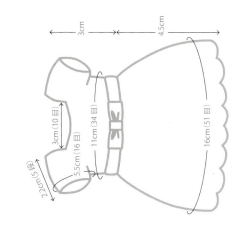

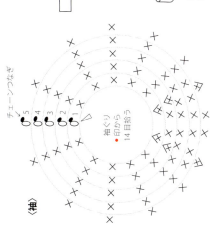

〈中央のリボン〉

〈袖〉

## 03 ノースリーブワンピース ▶ P.14

[糸] ピッコロ #41（薄黄）6g、#20（黒）1g
[針] かぎ針3/0号、とじ針、縫い針
[その他] 黒のサテンリボン（幅0.3cm）15cm、縫い糸少々、スナップボタン3組

[作り方]
① くさり編み34目で作り目をし、編み図のとおりに上身頃を編む。
② 作り目の反対側から目を拾って、スカートを編み図のとおりに編む。このとき、9段目のみ黒糸で編む。
③ 同じ色の星印同士を、とじ針を使って編み終わりの残り糸で縫い合わせる。
④ 縫い糸でスナップボタンを縫い付ける。
⑤ 下図のようにリボンを付ける。

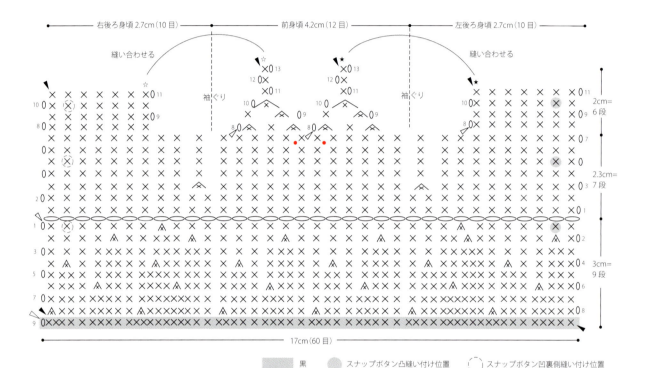

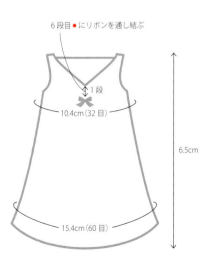

## 04 ニットワンピース ▶P.12

[糸] ピッコロ #5（濃ピンク）8g、#38（薄茶）1g
[針] かぎ針3/0号、4/0号、とじ針、縫い針
[その他] ソリッドアイ（2mm）3個、
ハマナカクリーンわたわた少々、
縫い糸少々、白フェルト1cm角、
スナップボタン1組、ボンド

[作り方]
①4/0号のかぎ針でくさり編み26目を輪にし（作り目）、編み図のとおりに13段目まで編む。
②14段目からは往復編みで編む。
③作り目の反対側から目を拾ってセーターの裾を編む。
④袖ぐりから16目拾って袖を編む。
⑤3/0号のかぎ針でクマのアップリケのパーツを編む。それぞれ編み終わりの糸を約30cm残してカットする。
⑥ワンピースにクマのアップリケ顔を裏表にして、とじ針を使って編み終わりの残り糸で縫い付ける。このとき、クマの顔の中に綿を少量詰め、その後耳を縫い付ける。
⑦クマの目、鼻（ソリッドアイ）をボンドで付ける。
⑧縫い糸でスナップボタンを縫い付ける

〈ワンピース（ピンク）〉

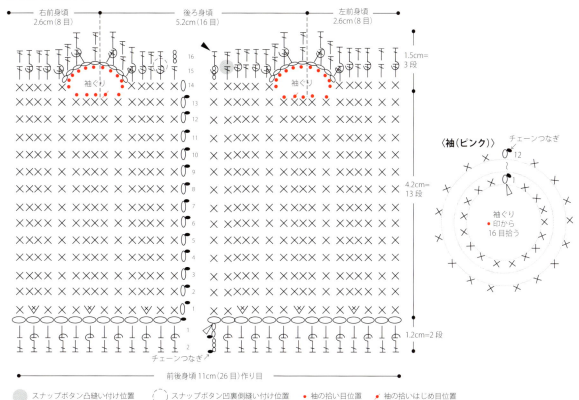

〈くまアップリケ顔（薄茶）〉 〈くまアップリケ耳（薄茶）〉

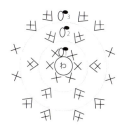

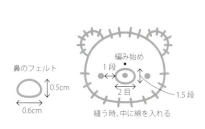
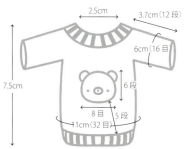

| 段数 | 目数 | 増減数 |
|---|---|---|
| 3 | 20目 | +8目 |
| 2 | 12目 | +6目 |
| 1 | 6目 | |

## 05 フリルチュニック ▶ P.30

[糸] ウオッシュコットン #27(黄)7g、#29(オレンジ)5g、#36(赤)4g
[針] かぎ針3/0号、縫い針
[その他] 縫い糸少々、スナップボタン3組

[作り方]
① くさり編み34目で作り目をし、編み図のとおりに編む。
② 5段目と9段目のすじ編みは、手前半目を拾い編む。(裏面が表になる)
③ 作り目部分と5段目と9段目の残り半目を拾ってフリルを編み付ける(フリルの図参照)。
④ 縫い糸でスナップボタンを縫い付ける。

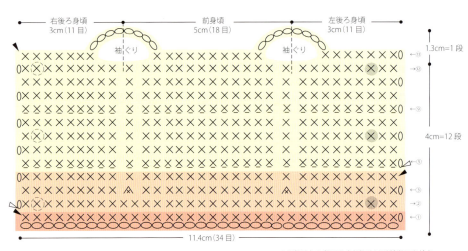

| 段数 | 配色 |
|---|---|
| 13 | 黄 |
| 12 | 黄 |
| 11 | 黄 |
| 10 | 黄 |
| 9 | 黄 |
| 8 | 黄 |
| 7 | 黄 |
| 6 | 黄 |
| 5 | 黄 |
| 4 | オレンジ |
| 3 | オレンジ |
| 2 | オレンジ |
| 1 | 赤 |
| 作り目 | 赤 |

## 06 羊のジャンパースカート ▶ P.11、32

[糸] ソノモノループ #51 (白) 7g、
ピッコロ #2 (オフホワイト) 2g
[針] ピッコロ：かぎ針3/0号、
ソノモノループ：かぎ針5/0号、縫い針
[その他] 縫い糸少々、スナップボタン3組

[作り方]
①くさり編み32目で作り目をし、編み図のとおりに上身頃を編む。
②作り目の反対側から24目を拾って、スカートを編み図のとおりに編む。
③縫い糸でスナップボタンを縫い付ける。

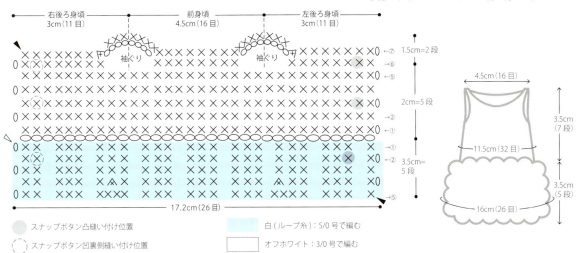

## 28 羊の帽子 ▶ P.32

[糸] ソノモノループ #51 (白) 11g、
ピッコロ #2 (オフホワイト) 5g
[針] ピッコロ：かぎ針3/0号
ソノモノループ：かぎ針6/0号
[その他] ピンクのフェルト3×5cm、ボンド

[作り方]
①本体は、6/0号のかぎ針を使ってソノモノループで編む。
②耳は、3/0号のかぎ針を使ってピッコロで2枚編む。その際、編み終わりの糸を約20cm残す。
③フェルトで内耳を作り、耳にボンドで貼り、縦に二つ折りにして本体に編み終わりの糸で縫い付ける。

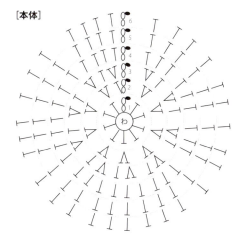

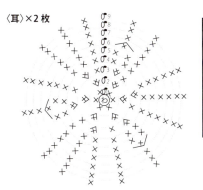

| 段数 | 目数 | 増減数 |
|---|---|---|
| 7〜9 | 15目 | 増減なし |
| 6 | 15目 | -3目 |
| 5 | 18目 | 増減なし |
| 4 | 18目 | 増減なし |
| 3 | 18目 | +6目 |
| 2 | 12目 | +6目 |
| 1 | 6目 | |

| 段数 | 目数 | 増減数 |
|---|---|---|
| 4〜6 | 30目 | 増減なし |
| 3 | 30目 | +10目 |
| 2 | 20目 | +10目 |
| 1 | 10目 | |

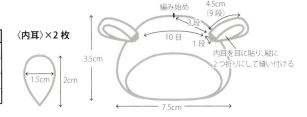

## 07 2Way カーディンガン ▶ P.10、16、20、22

[糸] コロポックル #1（白）9g
[針] かぎ針3/0号、縫い針
[その他] 丸ボタン（直径5mm）赤1個・黄1個・
青1個・緑1個、縫い糸少々、
スナップボタン3組

[作り方]
① くさり編み40目で作り目をし、編み図のとおりに身頃を編む。
② 作り目の反対側から目を拾って裾を編む。
③ 袖ぐりから16目拾って袖を編む。
④ 縫い糸で丸ボタンを縫い付ける。
⑤ 縫い糸でスナップボタンを縫い付ける。

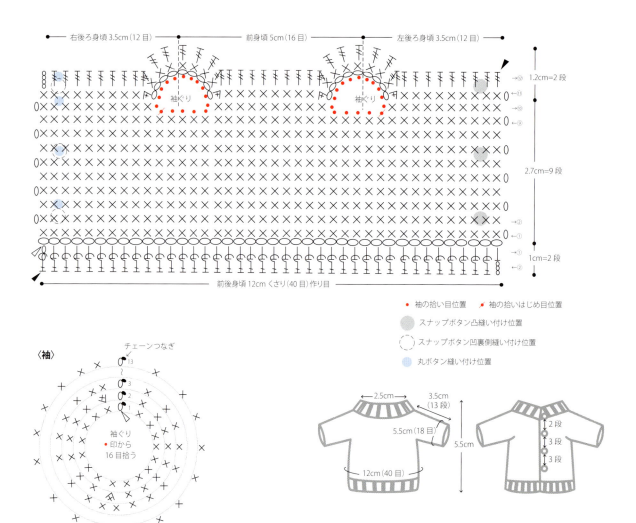

## 08 ボーダーセーター ▶ P.18、22

[糸] ハマナカモヘア #8（薄紫）3g、#2（サーモン）3g、#1（白）2g
[針] かぎ針4/0号、縫い針
[その他] 縫い糸少々、スナップボタン1組

[作り方]
①4/0号のかぎ針でくさり編み28目を輪にし（作り目）、編み図のとおりに10段目まで編む。
②11段目からは往復編みで編む。
③作り目の反対側から目を拾ってセーターの裾を編む。
④袖ぐりから16目拾って袖を編む。
⑤縫い糸でスナップボタンを縫い付ける。

〈袖配色表〉

| 段数 | 色 |
|---|---|
| 9〜12 | サーモン |
| 5〜8 | 白 |
| 1〜4 | 薄紫 |

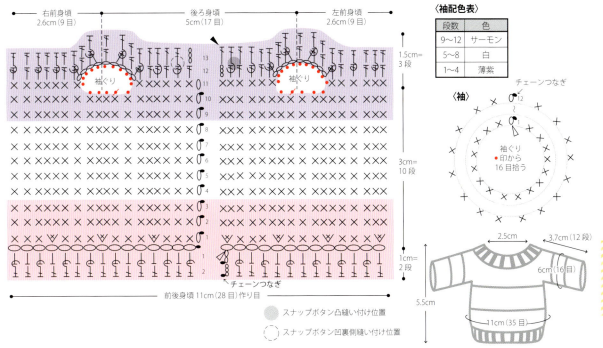

## 17 チュチュスカート ▶ P.18

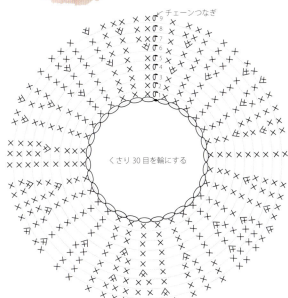

[糸] ハマナカモヘア #8（薄紫）3g
[針] かぎ針3/0号
[その他] フリルリボン（幅3cm）19cm、紫の縫い糸少々

[作り方]
①くさり編み30目を輪にし（作り目）、編み図のとおりに編む。
②裏側に、紫の縫い糸でフリルリボンを縫い付ける。

| 段数 | 目数 | 増減数 |
|---|---|---|
| 9 | 66目 | +6目 |
| 8 | 60目 | +6目 |
| 7 | 54目 | +6目 |
| 6 | 48目 | +6目 |
| 5 | 42目 | +6目 |
| 4 | 36目 | +6目 |
| 3 | 30目 | 増減なし |
| 2 | 30目 | 増減なし |
| 1 | 30目 | |
| | くさり30目の作り目 | |

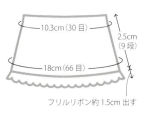

## 09 モヘアセーター ▶P.13
## 10 タンクトップ ▶P.22、26
## 11 ラグラン袖Tシャツ ▶P.26

[糸] 09:ハマナカモヘア #63（グレー）5g
10:コロポックル #22番（黄）4g
11:ウオッシュコットン〈クロッシェ〉
#101（白）3g、#142（みどり）2g
[針] かぎ針3/0号、縫い針
[その他] ワッペン（11）1枚、縫い糸少々、
スナップボタン各2組、ボンド

[作り方]
①モヘアセーター（09）は、くさり編み38目で作り目をし、すべてグレーの糸で編み図のとおりに編む。袖ぐりから19目拾って袖を編み、縫い糸でスナップボタンを縫い付ける。
②タンクトップ（10）は、くさり編み38目で作り目をし、すべて黄の糸で編み図のとおりに編む。縫い糸でスナップボタンを縫い付ける。
③ラグラン袖Tシャツ（11）は、くさり編み38目で作り目をし、11段目までは白の糸で、12・13段目はみどりの糸で編む。袖ぐりから15目拾って袖を編み、縫い糸でスナップボタンを縫い付ける。ワッペンをボンドで貼る。

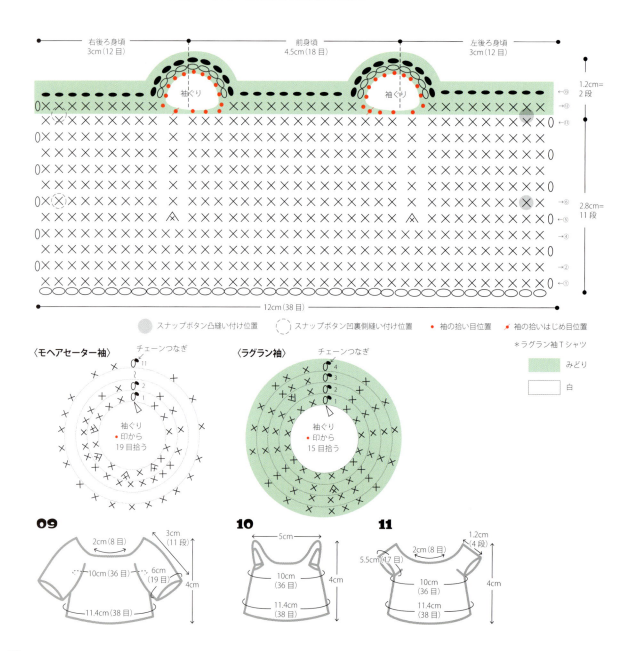

## 12 ボーダーTシャツ ▶ P.28

[糸] ウォッシュコットン〈クロッシェ〉#101（白）4g、#124（青）1g
[針] かぎ針3/0号、縫い針
[その他] 縫い糸少々、スナップボタン2組

[作り方]
①くさり編み38目で作り目をし、編み図のとおりに編む。このとき、4段目、6段目、8段目のすじ編みは、手前半目を拾って編む。
②袖ぐりから15目拾って袖を編む。
③縫い糸でスナップボタンを縫い付ける。

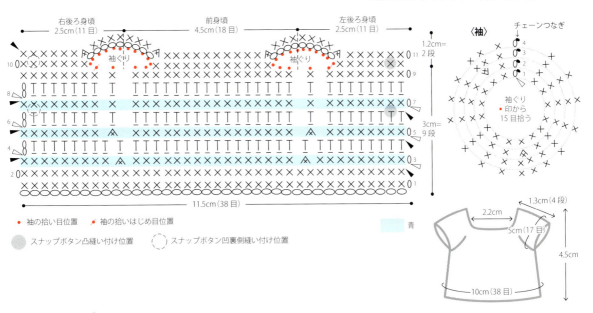

## 13 ホルターネックキャミソール ▶ P.24

[糸] ピッコロ#20（黒）4g
[針] かぎ針3/0号、縫い針
[その他] 縫い糸少々、スナップボタン1組

[作り方]
①くさり編み36目で作り目をし、編み図のとおりに編む。
②15段目まで編んだら、最終目から続けてくさり編み40目を編む。
③15段目の1目めに糸を付けて、くさり編み40目を編む。
④縫い糸でスナップボタンを縫い付ける。

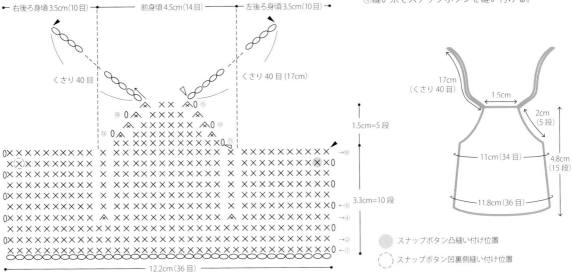

## 14 ミニスカート ▶P.13、26 ※ベルトはP.82参照

[糸] ピッコロ #47(コーラル) 3g
[針] かぎ針3/0号

[作り方]
①くさり編み30目を輪にし(作り目)、編み図のとおりに編む。
②同じ糸でベルト通し用に糸を通す。指定の位置左右の両端に2ヶ所作る。

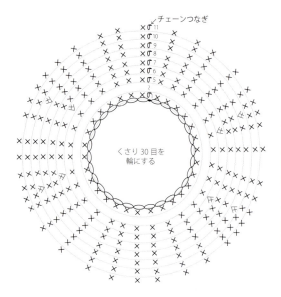

| 段数 | 目数 | 増減数 |
|---|---|---|
| 11 | 38目 | 増減なし |
| 10 | 38目 | 増減なし |
| 9 | 38目 | +4目 |
| 8 | 34目 | 増減なし |
| 7 | 34目 | 増減なし |
| 6 | 34目 | +4目 |
| 2〜5 | 30目 | 増減なし |
| 1 | 30目 | |
| くさり30目の作り目 | | |

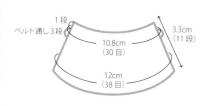

## 15 巻きスカート ▶P.16

[糸] ピッコロ #27(カラシ) 4g
[針] かぎ針3/0号、縫い針
[その他] こげ茶のスエード紐(幅0.2cm)30cm、縫い糸少々、スナップボタン1組、ボンド

[作り方]
①くさり編み36目で作り目をし、編み図のとおりに編む。
②フリンジ用に約7cmにカットした糸を40本作る。
③最終段の目の頭に1本ずつフリンジを付け、切り揃える。(P.57、プロセス58〜60参照)
④縫い糸でスナップボタンを縫い付け、ボンドでスエード紐を貼り付ける。(図参照)

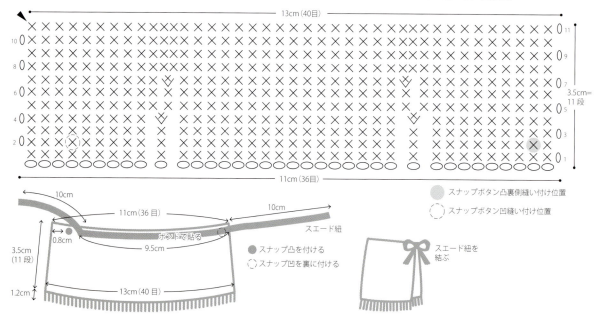

## 16 松編み模様のスカート ▶ P.20

[糸] コロポックル #1(白)3g、#9(紫) 3g、#20(青) 3g
[針] かぎ針3/0号、縫い針
[その他] 縫い糸少々、スナップボタン3組

[作り方]
①くさり編み43目で作り目をし、松編みで8段目まで編む。
②このとき、3段目・5段目・7段目の細編みは、前段の長編みと長編みの間を束で拾って編む。
③作り目の反対側から目を拾って、ウエスト部分を編む。
④縫い糸でスナップボタンを縫い付ける。

- 青
- 紫
- 白

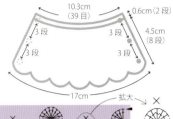

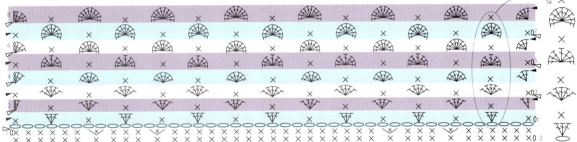

## 18 ジーンズ ▶ P.22、26 ※ベルトは P.82 参照
## 20 ショートパンツ ▶ P.10、22、30
## 19 レギンス ▶ P.28

[糸] 18:フラックスC #6(紺) 7g、
19:コロポックル #18(黒) 6g、
20:フラックスC #6(紺) 3g
[針] かぎ針3/0号、とじ針

[作り方]
①くさり編み16目を輪にし(作り目)、編み図のとおりに股下を2枚編む。このとき、1枚目の股下は編み終わりの糸を20cmほど残してカットする。2枚目の股下は糸を切らずに休ませておく。
②まち部分(↔)は、1枚目の編み終わりで残した糸をとじ針に通し、矢印の先の目を巻きかがりで合わせる。
③①で休ませておいた糸で、続けて股上部分を編む。
④同じ糸でベルト通し用に糸を通す。指定の位置左右の両端に2ヶ所作る。

*( )内はショートパンツ
( )内はレギンスの段数

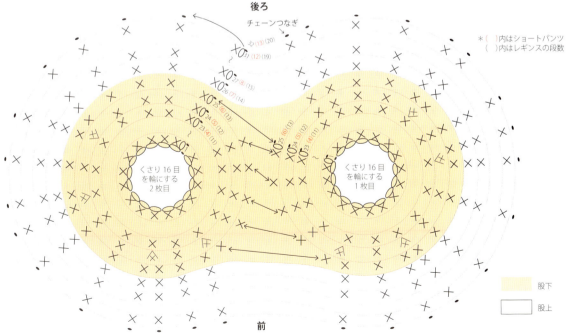

- 股下
- 股上

※次ページに続く

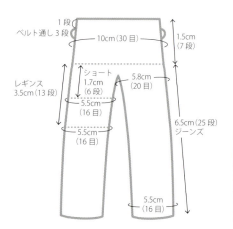

| 〈ジーンズ股下〉 | | |
|---|---|---|
| 段数 | 目数 | 増減数 |
| 25 | 20目 | 増減なし |
| 24 | 20目 | +4目 |
| 2~23 | 16目 | 増減なし |
| 1 | 16目 | |
| くさり16目の作り目 | | |

| 〈ショートパンツ股下〉 | | |
|---|---|---|
| 段数 | 目数 | 増減数 |
| 6 | 20目 | 増減なし |
| 5 | 20目 | +4目 |
| 2~4 | 16目 | 増減なし |
| 1 | 16目 | |
| くさり16目の作り目 | | |

| 〈レギンス股下〉 | | |
|---|---|---|
| 段数 | 目数 | 増減数 |
| 13 | 20目 | 増減なし |
| 12 | 20目 | +4目 |
| 2~11 | 16目 | 増減なし |
| 1 | 16目 | |
| くさり16目の作り目 | | |

## 21 ワイドパンツ ▶ P.24

[糸] フラックスC #3（ベージュ）7g
[針] かぎ針3/0号、とじ針

[作り方]
①くさり編み24目を輪にし（作り目）、編み図のとおりに股下（19段目まで）を2枚編む。このとき、1枚目の股下は、編み終わりの糸を20cmほど残してカットする。
②まち部分（↔）は、1枚目の編み終わりで残した糸をとじ針に通し、矢印の先の目を巻きかがりで合わせる。
③20段目に糸を付け、股上部分を編む。
④同じ糸でベルト通し用に糸を通す。指定の位置左右の両端に2ヶ所作る。

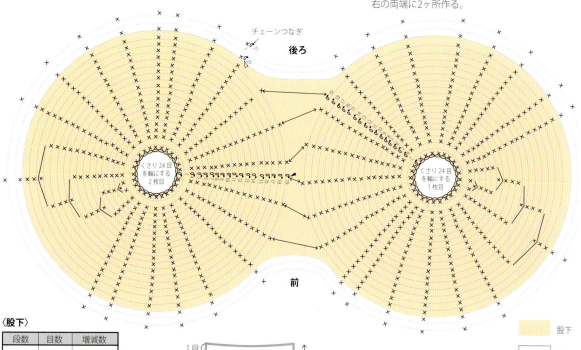

| 〈股下〉 | | |
|---|---|---|
| 段数 | 目数 | 増減数 |
| 18~19 | 20目 | 増減なし |
| 17 | 20目 | -1目 |
| 14~16 | 21目 | 増減なし |
| 13 | 21目 | -1目 |
| 10~12 | 22目 | 増減なし |
| 9 | 22目 | -1目 |
| 6~8 | 23目 | 増減なし |
| 5 | 23目 | -1目 |
| 2~4 | 24目 | 増減なし |
| 1 | 24目 | |
| くさり24目の作り目 | | |

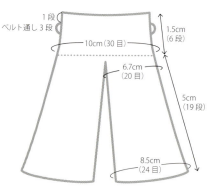

## 22 デッキシューズ ▶ P.22、26、28、36

[糸] ピッコロ #1（白）1g、#13（青）1g
[針] かぎ針3/0号

[作り方]
わの作り目から編み図のとおりに編む。

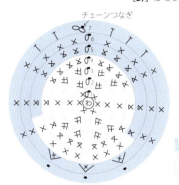

| 段数 | 目数 | 増減数 | 色 | 備考 |
|---|---|---|---|---|
| 7 | 15目 | 増減なし | 青 | |
| 6 | 15目 | -3目 | 青 | |
| 5 | 18目 | 増減なし | 青/白 | 一部すじ編み |
| 4 | 18目 | 増減なし | 白 | すじ編み |
| 3 | 18目 | +8目 | 白 | |
| 2 | 10目 | +4目 | 白 | |
| 1 | 6目 | | 白 | |

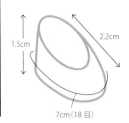

## 23 54 ストラップシューズ ▶ P.14、21、40

[糸] 23:ピッコロ #20（黒）2g
54:ウオッシュコットン #31（水色）3g
[針] かぎ針3/0号、とじ針

[作り方]
①わの作り目から編み図のとおりに編む。
②ストラップは、編み始めの糸を約20cm残し、くさり4目を編み、編み終わりの糸も約20cm残してカットする。
③編み始めと編み終わりの残り糸をそれぞれとじ針に通し、本体にストラップを縫い付ける。

| 段数 | 目数 | 増減数 |
|---|---|---|
| 6 | 15目 | 増減なし |
| 5 | 15目 | -3目 |
| 4 | 18目 | 増減なし |
| 3 | 18目 | +8目 |
| 2 | 10目 | +4目 |
| 1 | 6目 | |

〈ストラップ〉
編み始めと編み終わりの糸を
それぞれ約 20cm くらい残す

## 24 46 パンプス ▶ P.22、24、26、34、46

[糸] 24:ウオッシュコットン #36（赤）3g
46:ウオッシュコットン #1（白）3g
[針] かぎ針3/0号

[作り方]
わの作り目から編み図のとおりに編む。

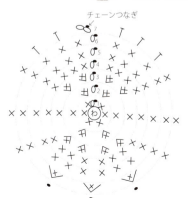

| 段数 | 目数 | 増減数 |
|---|---|---|
| 7 | 15目 | 増減なし |
| 6 | 15目 | -3目 |
| 5 | 18目 | 増減なし |
| 4 | 18目 | 増減なし |
| 3 | 18目 | +8目 |
| 2 | 10目 | +4目 |
| 1 | 6目 | |

**25** ベルト付きブーツ ▶ P.10、12、16、18
**26** ロングブーツ ▶ P.11、13、18、20、32
**27** 編み上げブーツ ▶ P.14、44
**51** バレエシューズ ▶ P.38

[糸] 25:ピッコロ #17(こげ茶)4g、26:ピッコロ #2(オフホワイト)4g、27:ピッコロ #6(赤)3g、ウオッシュコットン〈クロッシェ〉#138(茶)40cm、51:アプリコ #4(薄ピンク)2g
[針] かぎ針3/0号
[その他] 25:スエード紐(幅0.4cm)13cm、ミニバックルスクエア(0.7cm×0.5cm)2個
51:ピンクのサテンリボン(幅4mm)56cm、ボンド、リボン縫い糸

[作り方]
①わの作り目から編み図のとおりに編む。
②ブーツ(25、26)は、16段目まで、ブーツ(27)は11段目まで編む。
③バレエシューズ(51)は、7段目まで編む。
④装飾をする。(図参照)

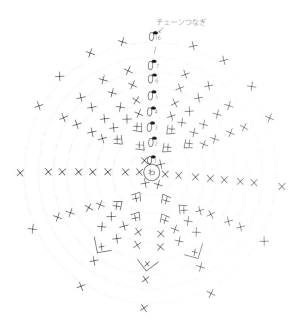

| 段数 | 目数 | 増減数 |
|---|---|---|
| 7〜16 | 15目 | 増減なし |
| 6 | 15目 | -3目 |
| 5 | 18目 | 増減なし |
| 4 | 18目 | 増減なし |
| 3 | 18目 | +8目 |
| 2 | 10目 | +4目 |
| 1 | 6目 | |

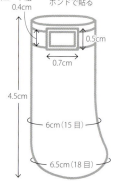

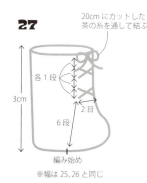

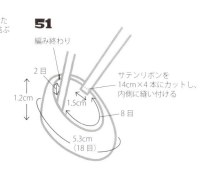

## 29 カンカン帽 ▶ P.26、30

[糸] エコアンダリヤ〈クロッシェ〉#803(ナチュラル)6g
[針] かぎ針3/0号
[その他] 赤と白のストライプ柄の
　　　　　グログランリボン(幅0.4cm)27cm

[作り方]
①わの作り目から編み図のとおりに編む。
②8段目のすじ編みは向こう半目を、13段目は手前半目を拾って細編みをする。
③紐通し用に糸を通す。指定の位置に3ヶ所作り、リボンを通す。※リボンは端をマニキュアのトップコートなどでコーティングしておくとほつれにくくなる。

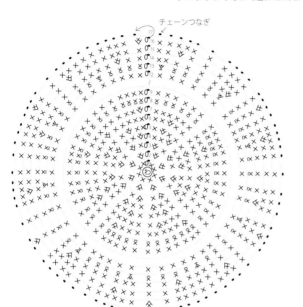

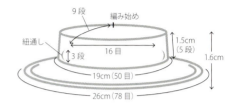

| 段数 | 目数 | 増減数 | 備考 |
|---|---|---|---|
| 17 | 78目 | 増減なし | 引き抜き編み |
| 16 | 78目 | +6目 | |
| 15 | 72目 | +6目 | |
| 14 | 66目 | +6目 | |
| 13 | 60目 | +10目 | すじ編み(手前半目) |
| 9〜12 | 50目 | 増減なし | |
| 8 | 50目 | 増減なし | すじ編み(向こう半目) |

| 段数 | 目数 | 増減数 |
|---|---|---|
| 7 | 50目 | +5目 |
| 6 | 45目 | +5目 |
| 5 | 40目 | +8目 |
| 4 | 32目 | +8目 |
| 3 | 24目 | +8目 |
| 2 | 16目 | +8目 |
| 1 | 8目 | |

## 30 麦わら帽 ▶ P.24、26、28

[糸] エコアンダリヤ〈クロッシェ〉#803(ナチュラル)8g
[針] かぎ針3/0号
[その他] 黒のグログランリボン(幅1cm)47cm、
　　　　　赤のグログランリボン(幅1cm)47cm(P.26)

[作り方]
①わの作り目から編み図のとおりに編む。
②紐通し用に糸を通す。指定の位置に2ヶ所作り、リボンを通す。※リボンは端をマニキュアのトップコートなどでコーティングしておくとほつれにくくなる。

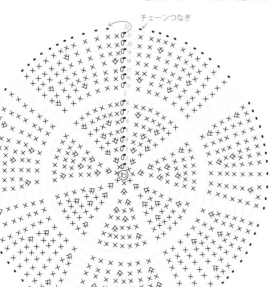

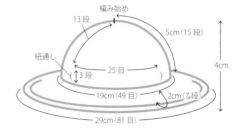

| 段数 | 目数 | 増減数 |
|---|---|---|
| 21・22 | 81目 | 増減なし |
| 20 | 81目 | +9目 |
| 19 | 72目 | 増減なし |
| 18 | 72目 | +9目 |
| 17 | 63目 | 増減なし |
| 16 | 63目 | +14目 |
| 8〜15 | 49目 | 増減なし |

| 段数 | 目数 | 増減数 |
|---|---|---|
| 7 | 49目 | +7目 |
| 6 | 42目 | +7目 |
| 5 | 35目 | +7目 |
| 4 | 28目 | +7目 |
| 3 | 21目 | +7目 |
| 2 | 14目 | +7目 |
| 1 | 7目 | |

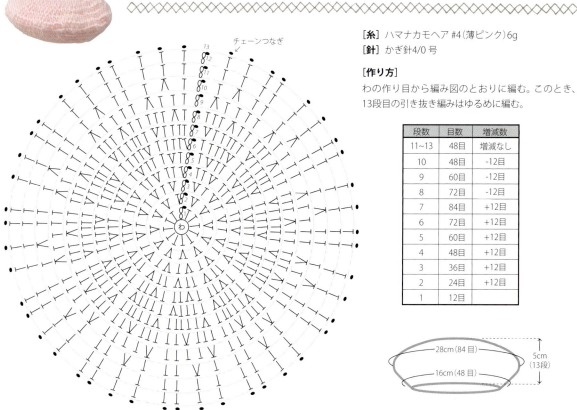

## 31 ベレー帽 ▶ P.20

[糸] ハマナカモヘア #4（薄ピンク）6g
[針] かぎ針4/0号

[作り方]
わの作り目から編み図のとおりに編む。このとき、13段目の引き抜き編みはゆるめに編む。

| 段数 | 目数 | 増減数 |
|---|---|---|
| 11〜13 | 48目 | 増減なし |
| 10 | 48目 | -12目 |
| 9 | 60目 | -12目 |
| 8 | 72目 | -12目 |
| 7 | 84目 | +12目 |
| 6 | 72目 | +12目 |
| 5 | 60目 | +12目 |
| 4 | 48目 | +12目 |
| 3 | 36目 | +12目 |
| 2 | 24目 | +12目 |
| 1 | 12目 | |

## 32 ニット帽 ▶ P.10、12

[糸] ソノモノアルパカウール #42（グレージュ）12g、ピッコロ #2（オフホワイト）4g
[針] かぎ針9/0号、3/0号
[その他] 革のハギレ少々、赤の刺しゅう糸少々

[作り方]
①9/0号のかぎ針でグレージュの糸でくさり編み28目を輪にし（作り目）、細編みを1周編む。
②2段目からは、メリヤス細編みで11段目まで編む。編み終わりの糸は約30cm残してカット する。
③作り目の反対側から目を拾って、3/0号のかぎ針を使ってオフホワイトの糸でかぶり口を編む。
④11段の目を編み終わりの残り糸で1目ずつぐし縫いして引き絞る。
⑤オフホワイトの糸でポンポンを作り、トップに縫い付ける。※ポンポンの作り方はP.87のチアガールのポンポンと同様。
⑥革の端切れを赤の刺しゅう糸2本取りで縫い付ける。

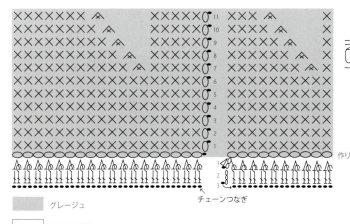

## 33 フード付きケープ ▶ P.11

[糸] ルナモール #13（青）18g、
ソノモノループ #51（白）6g
[針] ルナモール：かぎ針6/0号、
ソノモノループ：かぎ針7/0号、とじ針、縫い針
[その他] 青のベルベットリボン（幅1cm）30cm、
白の縫い糸少々

[作り方]
①ケープは、編みはじめの糸を約40cm残し、くさり編み16目で作り目をし、編み図のとおりに編む。
②フード部分を編み、とじ針を使って①の編みはじめの糸でケープとフードの●印を巻きかがりで合わせる。
③ソノモノループで縁編みをする。
④ベルベットリボンを左右の首元に白の縫い糸で縫い付ける。

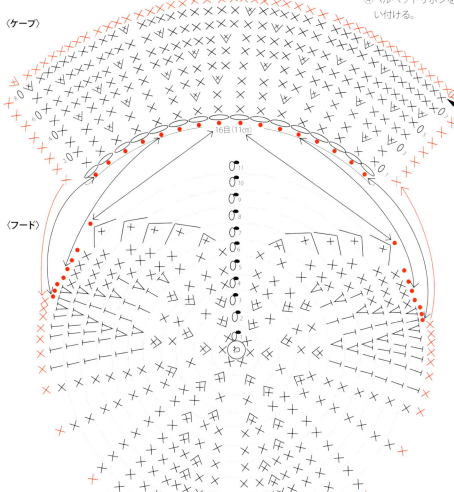

〈ケープ〉

〈フード〉

フード段数表

| 段数 | 目数 | 増減数 |
|---|---|---|
| 11 | 50目 | +2目 |
| 10 | 48目 | +2目 |
| 9 | 46目 | +2目 |
| 8 | 44目 | +4目 |
| 7 | 40目 | +4目 |
| 6 | 36目 | +6目 |
| 5 | 30目 | +6目 |
| 4 | 24目 | +6目 |
| 3 | 18目 | +6目 |
| 2 | 12目 | +6目 |
| 1 | 6目 | |

ケープとフードの●印同士を合わせて巻きかがり

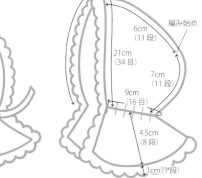

## 34 マフラー ▶ P.12、13

[糸] ソノモノアルパカウール #41（白）7g
[針] かぎ針10/0号

[作り方]
①くさり編み28目で作り目をし、編み図のとおりに編む。
②10cmの長さにカットした糸を20本作る。
③両端●印のところに2本ずつフリンジを付け、約4cmの長さに切り揃える。（P.57、プロセス58～60参照）

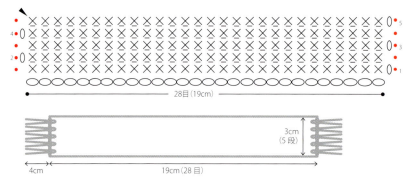

## 35 マロンのマフラー ▶ P.10、12、18

[糸] ピッコロ #5（濃ピンク）2g
[針] かぎ針4/0号

[作り方]
くさり編み40目で作り目をし、編み図のとおりに編む。

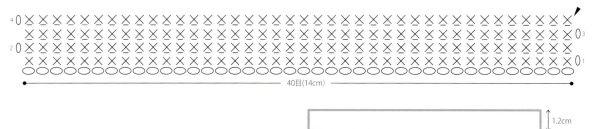

## 42 ベルト（ピンク） ▶ P.13、26
## 43 ベルト（トリコロール） ▶ P.22、24、26

[糸] 42:スエード紐（幅0.4cm）16cm、
　　　ミニバックルラウンド型（直径0.8cm）1個
　　43:ストライプリボン（幅0.5cm）16cm、
　　　ミニバックルスクエア型（0.7cm×0.5cm）1個

[作り方]
スエード紐（ストライプリボン）をバックルに通す。

## 36 マロンのパーティ帽 ▶ P.32

[糸] ピッコロ #1（白）1g、#6（赤）1g、#23（青）1g
[針] かぎ針4/0号、縫い針
[その他] 青色のボンテン（直径1cm）、
　　　　青の縫い糸少々

[作り方]
①わの作り目から編み図のとおりに編む。
②ボンテンを青の縫い糸でトップに縫い付ける。

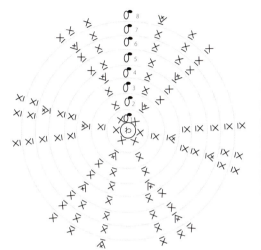

| 段数 | 目数 | 増減数 | 色 | 備考 |
|---|---|---|---|---|
| 8 | 20目 | +2目 | 白 | すじ編み |
| 7 | 18目 | +2目 | 青 | すじ編み |
| 6 | 16目 | +2目 | 白 | すじ編み |
| 5 | 14目 | +2目 | 赤 | すじ編み |
| 4 | 12目 | +2目 | 白 | すじ編み |
| 3 | 10目 | +2目 | 青 | すじ編み |
| 2 | 8目 | +2目 | 白 | すじ編み |
| 1 | 6目 |  | 赤 |  |

## 37 スイカ ▶ P.30

[糸] ティノ #2（オフホワイト）1g、#6（赤）1g、
　　　 #10（みどり）1g
[針] かぎ針3/0号、刺しゅう針（縫い針でも可）
[その他] 黒の刺しゅう糸少量、
　　　　ハマナカクリーンわたわた少量

[作り方]
①糸は2本取りで、わの作り目から編み図のとおりに編み、編み終わりの糸を約20cm残してカットする。
②編み地を最後の引き抜き編みが角にくるように折り、中に少量の綿を詰める。
③編み終わりの残りの糸でとなり合う最終段の目を拾い、とじ針を使って底を巻きかがりで合わせる。
④黒の刺しゅう糸1本取りで、刺しゅう針を使って種を刺しゅうする。（フレンチノットステッチ）

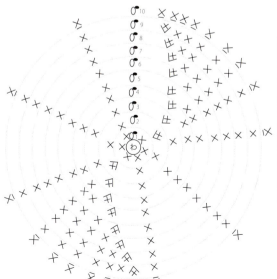

| 段数 | 目数 | 増減数 | 色 | 備考 |
|---|---|---|---|---|
| 10 | 22目 | 増減なし | 緑 | すじ編み |
| 9 | 22目 | +2目 | 緑 |  |
| 8 | 20目 | +2目 | オフホワイト |  |
| 7 | 18目 | +2目 | 赤 |  |
| 6 | 16目 | +2目 | 赤 |  |
| 5 | 14目 | +2目 | 赤 |  |
| 4 | 12目 | +2目 | 赤 |  |
| 3 | 10目 | +2目 | 赤 |  |
| 2 | 8目 | +2目 | 赤 |  |
| 1 | 6目 |  | 赤 |  |

## 38 かごバッグ ▶ P.24
## 39 トートバッグ ▶ P.26

[糸] 38:エコアンダリヤ〈クロッシェ〉
　　 #803（ナチュラル）3g、#807（黒）1g
　　 39:ウオッシュコットン #36（赤）3g、#1（白）3g
[針] かぎ針3/0号、とじ針

[作り方]
①本体は、くさり編み5目で作り目をし、編み図のとおりに編む。トートバッグ（39）は4段目まで赤糸、5〜12段目は白糸で編む。
②編み終わりの糸を約20cm残した持ち手を2本ずつ編む。編み終わりの残り糸でバッグ本体の指定の位置に縫い付ける。もう片方の持ち手は同色の糸で縫い付ける。裏の持ち手も同様に縫い付ける。

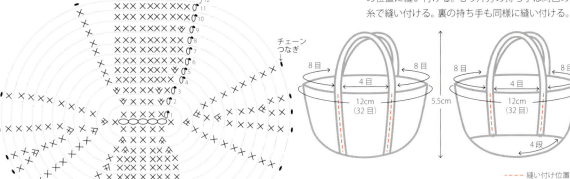

〈かごバッグ持ち手〉（黒糸）
40目（13cm）

〈トートバッグ持ち手〉（赤糸）
34目（11cm）

| 段数 | 目数 | 増減数 | 色(38) | 色(39) |
|---|---|---|---|---|
| 10〜12 | 32目 | 増減なし | ナチュラル | 白 |
| 9 | 32目 | +4目 | ナチュラル | 白 |
| 6〜8 | 28目 | 増減なし | ナチュラル | 白 |
| 5 | 28目 | +4目 | ナチュラル | 白 |
| 4 | 24目 | 増減なし | ナチュラル | 赤 |
| 3 | 24目 | +6目 | ナチュラル | 赤 |
| 2 | 18目 | +6目 | ナチュラル | 赤 |
| 1 | 12目 | | ナチュラル | 赤 |
| くさり5目の作り目 | | | | |

## 40 パールバッグ ▶ P.21

[糸] ピッコロ #2（オフホワイト）2g
[針] かぎ針3/0号、とじ針、縫い針
[その他] パールビーズ（4mm）14個、白の縫い糸少々

[作り方]
①わの作り目から編み始め、編み図のとおりに本体を2枚編む。1枚は編み終わりの糸を約30cm残してカットする。
②編み地を外表に合わせ、とじ針を使って編み終わりの残り糸で5段目のとなり合う目の頭を1目ずつ巻きかがりで合わせる。
③パールビーズを縫い糸に通し、②で合わせた部分の両端に縫い付ける。

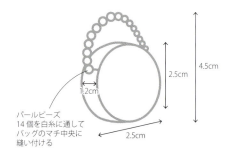

| 段数 | 目数 | 増減数 | 備考 |
|---|---|---|---|
| 5 | 図参照 | | すじ編み |
| 4 | 24目 | +6目 | |
| 3 | 18目 | +6目 | |
| 2 | 12目 | +6目 | |
| 1 | 6目 | | |

## 41 ショルダーバッグ ▶ P.18

[糸] ピッコロ #16 (ベージュ) 1g
[針] かぎ針3/0号、縫い針
[その他] 革のハギレ 5cm角、スエード紐(幅0.3cm)
16cm、こげ茶の縫い糸少々、ボンド

[作り方]
①くさり編み5目で作り目をし、編み図のとおりに編む。
②革のハギレでフラップと留めの部分を作り、ボンドで貼る。
③スエード紐をバッグ本体の上部左右の両端にこげ茶の縫い糸で縫い付ける。

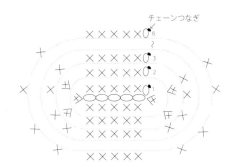

| 段数 | 目数 | 増減数 |
|---|---|---|
| 3〜6 | 18目 | 増減なし |
| 2 | 18目 | +4目 |
| 1 | 14目 | |
| くさり5目の作り目 | | |

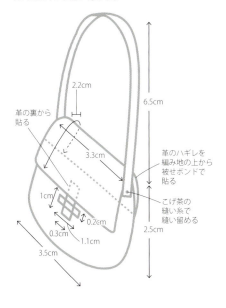

## 花嫁 ▶ P.34

## 44 ヘッドドレス

[糸] ウオッシュコットン #1(白) 4g
[針] かぎ針3/0号、縫い針
[その他] プリーツジョーゼットリボン(幅2.5cm)5cm、
サテンリボン(幅0.4cm)22cm×2本、
半球パール(直径4mm)12個、
白の縫い糸少々、強力接着剤

[作り方]
①編み図のとおりにヘッドドレスとバラを編む。バラは花びらの小さい方から巻いて、花びらの根元を縫い留める。
②バラの周りにプリーツジョーゼットリボンを1周巻いて縫い付ける。
③ヘッドドレスの両端にサテンリボンを縫い付け、右端に②のバラを縫い付ける。
④半球パールを強力接着剤で貼り付ける。

〈ヘッドドレス〉

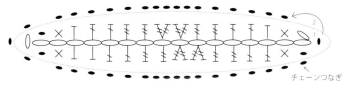

〈バラ〉

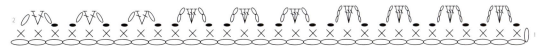

## 45 ウエディングドレス

[糸] ウオッシュコットン #1(白) 4g
[針] かぎ針3/0号、4/0号、縫い針
[その他] 半球パール(直径4mm)7個、プリーツジョーゼットリボン(幅2.5cm)40cm、白の縫い糸少々、スナップボタン3組、ボンド

[作り方]
①3/0号のかぎ針でくさり編み34目で作り目をし、編み図のとおりに上身頃を編む。
②作り目の反対側から目を拾ってスカートを編み図のとおりに編む。このとき、3段目と5段目のすじ編みは向こう半目を拾い、4段目と6段目は手前半目を拾って編む。
③4/0号のかぎ針でスカートの3段目、5段目のすじ編みの残り半目を拾ってフリルを編み付ける。(フリルの図参照)
④プリーツジョーゼットリボンを4段目と6段目に縫い付ける。
⑤胸元の上部に半球パールをボンドで貼り付ける。
⑥縫い糸でスナップボタンを縫い付ける。

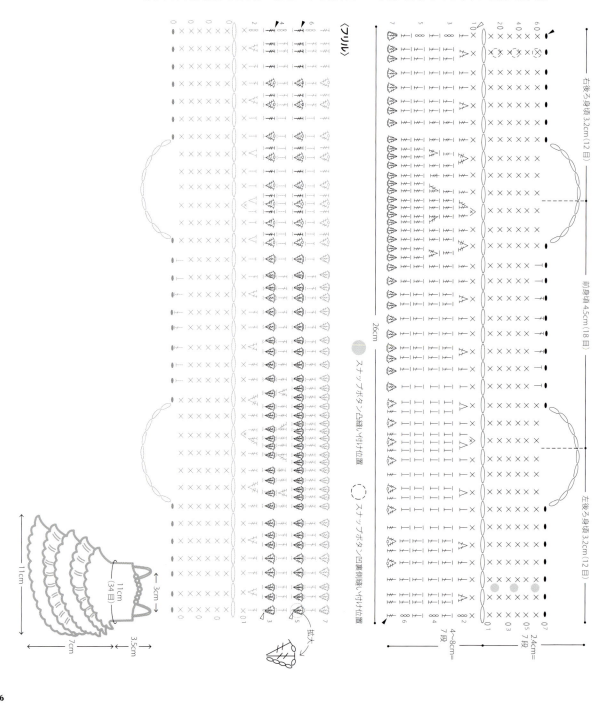

チアガール
▶ P.36

## 47 ポンポン

◇◇◇◇◇◇◇◇◇◇◇◇◇◇◇◇◇◇◇◇◇◇◇◇◇

[糸] エコアンダリヤ〈クロッシェ〉#805(赤) 5g
[その他] シリコンゴム 2本

[作り方]

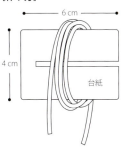
①台紙に糸を90回巻く。

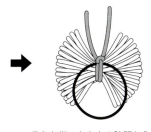
②糸を巻いた左右の隙間からポンポンと同じ糸を差し入れ、中心をきつく結ぶ。シリコンゴムを通し、さらに結び、両端の輪をはさみでカットする。

③スチームアイロンでスチームをあてながら、ポンポンを開き、形を整える。

## 48 ワンピース

◇◇◇◇◇◇◇◇◇◇◇◇◇◇◇◇◇◇◇◇◇◇◇◇◇

[糸] ウオッシュコットン #1(白) 4g、#36(赤) 1g
[針] かぎ針3/0号、とじ針、縫い針
[その他] サテンフリルリボン(幅2.5cm) 15cm、赤の縫い糸少々、スナップボタン3組

[作り方]
①トップスはくさり編み34目で作り目をし、編み図のとおりに編む。
②同じ色の星印同士を、とじ針を使って編み終わりの残り糸で縫い合わせる。
③サテンフリルリボンをギャザーを作りながら1段目の裏側に付け、赤の縫い糸で縫い付ける。
④縫い糸でスナップボタンを縫い付ける。

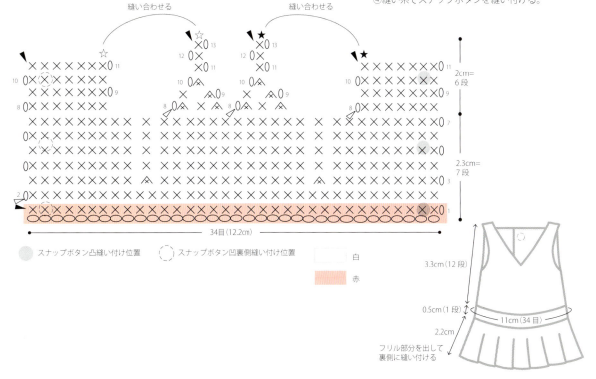

# バレリーナ ▶P.38

## 49 ヘッドアクセサリー　50 チュチュドレス

[糸] アプリコ #9（薄紫）5g、エンペラー #3（金）1g
[針] かぎ針3/0号、縫い針
[その他] ピンク色のオーガンジーフリルリボン（幅2.5cm）45cm、スワロフスキークリスタル #2200（8×4mm）1個、スワロフスキークリスタルAB #2088 SS-12 19個、パールビーズ（4mm）12個、ビーズ用透明ゴム（太さ0.5mm）15cm、縫い糸少々、ボンド、スナップボタン3組

[作り方]
① くさり編み34目で作り目をし、編み図のとおりに上身頃を編む。
② 作り目の反対側から目を拾って、スカートを編み図のとおりに編む。
③ フリルリボンを15cmの長さに3本分カットし、リボンの裾を5mmずつずらしてスカートの裏に縫い糸で縫い付ける。
④ スナップボタンを縫い付ける。
⑤ スワロフスキーストーンをボンドで貼り付ける。
⑥ ヘッドアクセサリーを作る。バラ（P.85参照）を編み、パールビーズとともにビーズ用透明ゴムに通して結ぶ。

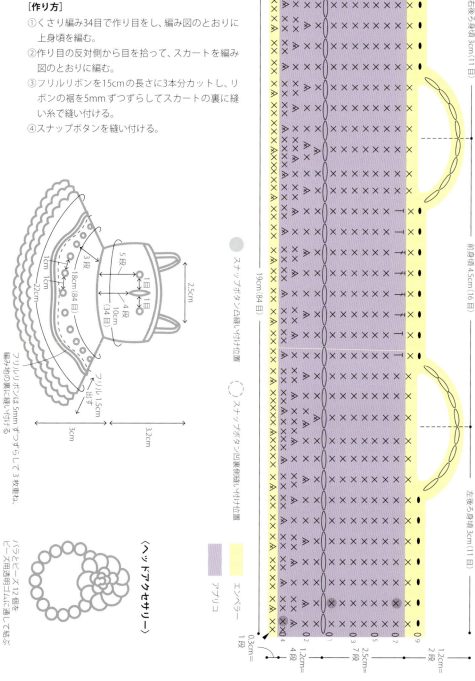

## ウエイトレス ▶P.40

## 52 エプロンワンピース　53 キャップ

[糸] ウオッシュコットン #31（水色）15g、#1（白）4g
[針] かぎ針 3/0号、とじ針、縫い針
[その他] 白丸ボタン（直径5mm）2個、白フェルト（8cm×2cm角）1枚、縫い糸少々、スナップボタン3組、ボンド

[作り方]
①ワンピース（52）を作る。くさり編み34目で作り目をし、編み図のとおりに上身頃を編む。
②作り目の反対側から目を拾って、スカートを編み図のとおりに編む。
③同じ色の星印同士を、とじ針を使って編み終わりの残り糸で縫い合わせる。
④袖ぐりから16目拾って袖を編む。
⑤フェルトで襟を2枚作り、（ワンピースの襟ぐりに合わせて適宜調整する）、ボンドでワンピースに貼り付ける。白丸ボタンを縫い付ける。
⑥縫い糸でスナップボタンを縫い付ける。
⑦エプロンを作る。くさり編み80目で作り目をし、指定の位置に糸を付け、往復編みをする。
⑧キャップ（53）を作る。くさり編み3目で作り目をし、編み図のとおりに編む。（P.90参照）

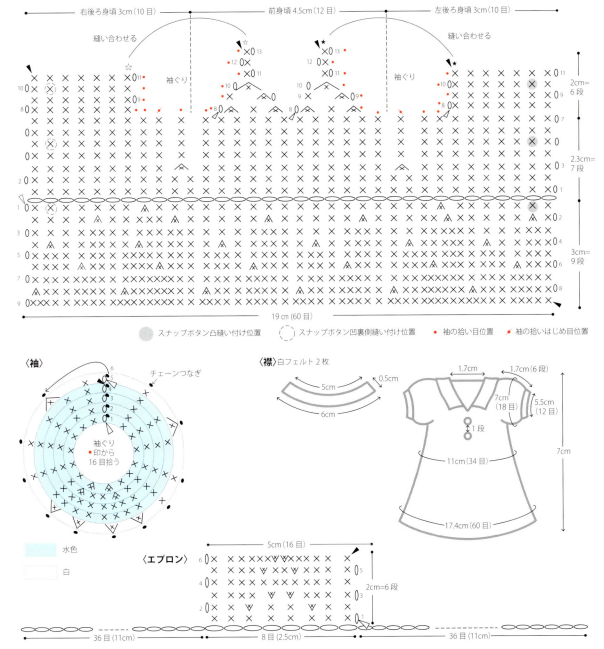

※次ページに続く

〈キャップ〉

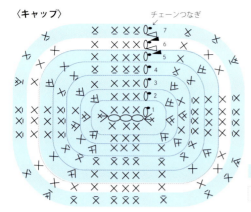

| 段数 | 目数 | 増減数 | 色 | 備考 |
|---|---|---|---|---|
| 7 | 32目 | +4目 | 水色 | すじ編み |
| 6 | 28目 | 増減なし | 白 | |
| 5 | 28目 | +4目 | 水色 | |
| 4 | 24目 | 増減なし | 水色 | すじ編み |
| 3 | 24目 | +6目 | 水色 | |
| 2 | 18目 | +6目 | 水色 | |
| 1 | 12目 | | 水色 | |
| | くさり3目の作り目 | | 水色 | |

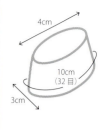

水色
白

## フラガール ▶P.42

**55** ハイビスカスの花飾り  **56** ハワイアンレイ
**57** トップス  **58** スカート

[糸] 55:ウオッシュコットン #36(赤)1g、
ウオッシュコットン〈クロッシェ〉#104(黄)1g
56:ウオッシュコットン〈クロッシェ〉#101(白)1g
57:ウオッシュコットン #36(赤)2g
58:エコアンダリヤ #17(みどり)4g

[針] かぎ針3/0号、縫い針

[その他] ミニサイズのヘア留め(2cm×0.8cm)1個、
縫い糸少々、スナップボタン2組、強力接着剤

[作り方]
①トップス(57)を作る。くさり編み32目で作り目をし、編み図のとおりに編む。縫い糸でスナップボタンを縫い付ける。
②スカート(58)を作る。25目の作り目から、細編みを1段分編む。
③スカートのフリンジ用に、12cmの長さにカットした糸を44本作る。
④スカートの両端3目分はフリンジを1本ずつ、中央19目分は2本ずつフリンジを付け(P.57、プロセス58〜60参照)、5cmの長さで切り揃える。縫い糸でスナップボタンを縫い付ける。
⑤花飾り(55)を作る。各パーツを編み、ハイビスカスは裏表にする。花芯を中央に差し込み、縫い付ける。ヘア留めに強力接着剤で貼り付ける。
⑥ハワイアンレイ(56)を作る。くさり編み32目を輪にし、模様編みを44回輪に編み付ける。

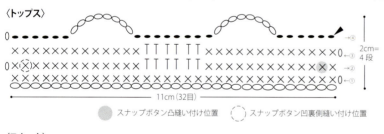

〈トップス〉

〈スカート〉

☆1目につき、フリンジを1本ずつ付ける
★1目につき、フリンジを2本ずつ付ける

●スナップボタン凸縫い付け位置
○スナップボタン凹裏側縫い付け位置

〈ハイビスカス花〉 〈ハイビスカス花芯〉

花びらを裏表にし、花芯の編み終わりの糸を花の中心に通して裏で縫い留める

〈ハワイアンレイ〉

くさり32目を輪にする

編み図のとおりに輪を編みくるみながら44回繰り返す。

## サンタガール ▶P.44

### 59 ワンピース

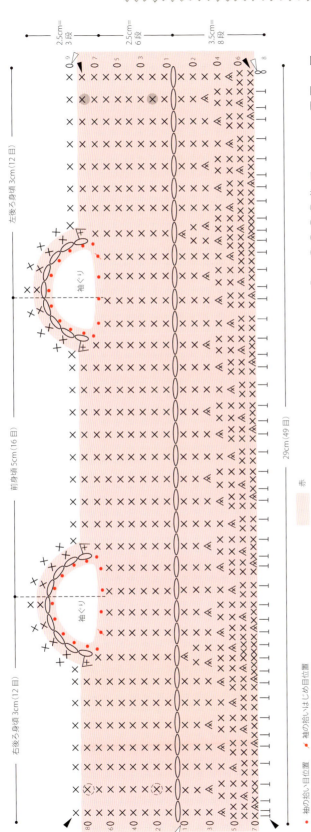

[糸] ピッコロ #6（赤）13g、
　　 ソノモノループ #51（白）9g
[針] かぎ針3/0号、5/0号、縫い針
[その他] こげ茶のスエード紐（幅0.4cm）14cm、
　　　　 ミニバックルスクエア型（0.7cm×0.5cm）
　　　　 半球パール2個（直径0.4cm）、縫い糸少々、
　　　　 スナップボタン2組、ボンド

[作り方]
赤糸はかぎ針3/0号で、白糸は5/0号で編む。
①くさり編み34目で作り目をし、編み図のとおりに上身頃を編む。
②作り目の反対側から目を拾ってスカートを編む。
③袖ぐりから15目拾って袖を編む。
④半球パール、スエード紐にミニバックルを通したベルトをボンドで貼り付ける。
⑤縫い糸でスナップボタンを縫い付ける。

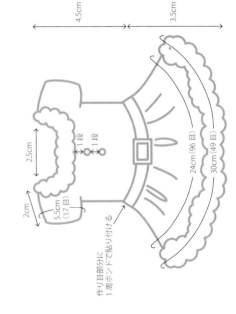

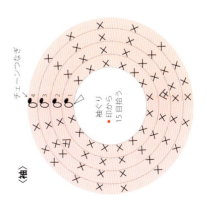

## 60 サンタ帽　61 マロンのサンタ帽

[糸] ピッコロ #6（赤）7g、ソノモノループ #51（白）2g
マロン：ピッコロ #6（赤）2g、
ソノモノループ #51（白）1g
[針] ピッコロ：かぎ針4/0号、
ソノモノループ：かぎ針6/0号、縫い針
[その他] 白のボンテン（直径1.5cm、1cm（マロン））、
白の縫い糸少々

[作り方]
①4/0号のかぎ針で、わの作り目から編み図のとおりに編む。
②26段目（60）、10段目（61）は白糸に変え、6/0号のかぎ針で、前段の細編みの頭を1目置きに拾って長編み（マロンは細編み）を編む。
③ボンテンを白の縫い糸で縫い付ける。

〈サンタ帽〉

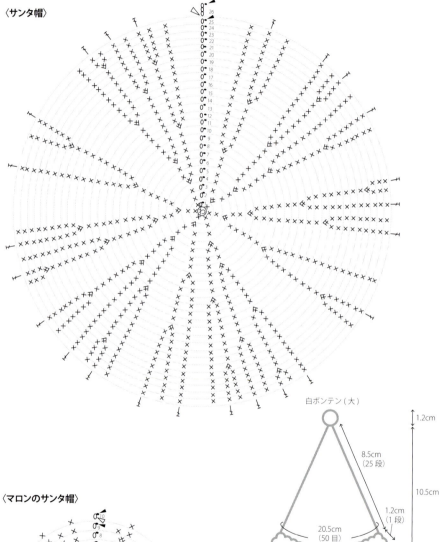

| 段数 | 目数 | 増減数 | 色 |
|---|---|---|---|
| 26 | 図参照 | | 白 |
| 25 | 50目 | 増減なし | 赤 |
| 24 | 50目 | 増減なし | 赤 |
| 23 | 50目 | +2目 | 赤 |
| 22 | 48目 | +2目 | 赤 |
| 21 | 46目 | +2目 | 赤 |
| 20 | 44目 | +2目 | 赤 |
| 19 | 42目 | +2目 | 赤 |
| 18 | 40目 | +2目 | 赤 |
| 17 | 38目 | +2目 | 赤 |
| 16 | 36目 | +2目 | 赤 |
| 15 | 34目 | +2目 | 赤 |
| 14 | 32目 | +2目 | 赤 |
| 13 | 30目 | +2目 | 赤 |
| 12 | 28目 | +2目 | 赤 |
| 11 | 26目 | +2目 | 赤 |
| 10 | 24目 | +2目 | 赤 |
| 9 | 22目 | +2目 | 赤 |
| 8 | 20目 | +2目 | 赤 |
| 7 | 18目 | +2目 | 赤 |
| 6 | 16目 | +2目 | 赤 |
| 5 | 14目 | +2目 | 赤 |
| 4 | 12目 | +2目 | 赤 |
| 3 | 10目 | +2目 | 赤 |
| 2 | 8目 | +2目 | 赤 |
| 1 | 6目 | | 赤 |

〈マロンのサンタ帽〉

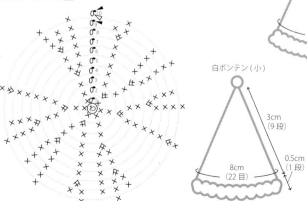

白ボンテン（大）
8.5cm（25段）
1.2cm
10.5cm
1.2cm（1段）
20.5cm（50目）

白ボンテン（小）
0.7cm
3cm（9段）
3cm
0.5cm（1段）
8cm（22目）

| 段数 | 目数 | 増減数 | 色 |
|---|---|---|---|
| 10 | 図参照 | | 白 |
| 9 | 22目 | +2目 | 赤 |
| 8 | 20目 | +2目 | 赤 |
| 7 | 18目 | +2目 | 赤 |
| 6 | 16目 | +2目 | 赤 |
| 5 | 14目 | +2目 | 赤 |
| 4 | 12目 | +2目 | 赤 |
| 3 | 10目 | +2目 | 赤 |
| 2 | 8目 | +2目 | 赤 |
| 1 | 6目 | | 赤 |

## キャビンアテンダント ▶P.46

### 62 トーク帽　63 ワンピース

[糸] コロポックル #17(紺) 11g、#1(白) 2g
[針] かぎ針3/0号、縫い針
[その他] 赤のスエード紐(幅0.4cm) 11cm、ミニバックルスクエア型(0.8cm×0.6cm) 1個、半球パール(直径0.4cm) 2個、白サテンリボン(幅0.2cm) 12cm、赤サテンリボン(幅0.5cm) 25cm(首に巻くスカーフ代わり)、縫い糸少々、スナップボタン3組、ボンド

[作り方]
①ワンピース(63)を作る。くさり編み38目で作り目をし、編み図のとおりに編む。
②袖ぐりから15目拾って袖を編む。
③スエード紐にミニバックルを通してベルトを作る。
④半球パール、ベルト、サテンリボンをボンドで貼り付ける。
⑤縫い糸でスナップボタンを縫い付ける。
⑥トーク帽(62)を作る。くさり編み3目で作り目をし、編み図のとおりに編む。
⑦編み地を裏表にし、12段目から折り返す。

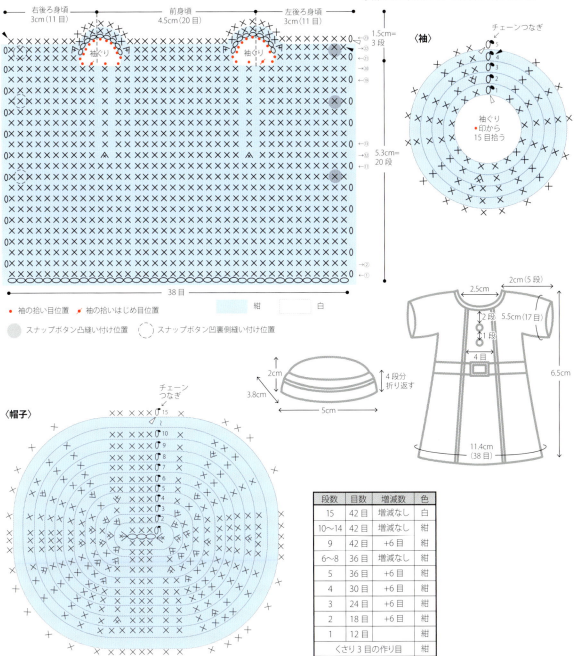

| 段数 | 目数 | 増減数 | 色 |
|---|---|---|---|
| 15 | 42目 | 増減なし | 白 |
| 10~14 | 42目 | 増減なし | 紺 |
| 9 | 42目 | +6目 | 紺 |
| 6~8 | 36目 | 増減なし | 紺 |
| 5 | 36目 | +6目 | 紺 |
| 4 | 30目 | +6目 | 紺 |
| 3 | 24目 | +6目 | 紺 |
| 2 | 18目 | +6目 | 紺 |
| 1 | 12目 | | 紺 |
| くさり3目の作り目 | | | 紺 |

## 編み目記号表

本書で使用している主な編み目記号です。

### 引き抜き編み
前段の目にかぎ針を入れ、糸をかけ引き抜く。

   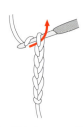

### くさり編み
かぎ針に糸を巻き付け、糸をかけ引き抜く。

### 細編み
立ち上がりのくさり1目は目数に入れず、上半目に針を入れ糸を引き出し、糸をかけ2ループを引き抜く。

### すじ編み
くさり半目に針を入れ、以降は細編みと同じ。

   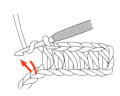

立ち上がり1目　　上半目に針を入れる。

### 中長編み
かぎ針に糸をかけ引き出し、さらに糸をかけ3ループを一度に引き抜く。

   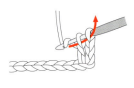 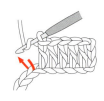

1回巻く　　台の目　立ち上がり2目

### 長編み
かぎ針に糸をかけ引き出し、さらに糸をかけ2ループ引き抜くを2回繰り返す。

1回巻く　　台の目　立ち上がり3目

### 長々編み目
かぎ針に2回糸をかけ1本引き出し、さらに1回糸をかけ2ループ引き抜くを3回繰り返す。

2回巻く

### 長編みの表引き上げ編み
前段の目の足を手前からすくい、長編みを編む。

### 細編み2目編み入れる
同じ目に細編み2目を編み入れる。

### 細編み3目編み入れる
同じ目に細編み3目を編み入れる。

 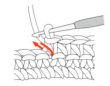 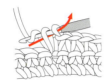 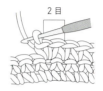 

### 細編み2目一度
1目めに針を入れ糸をかけて引き出し、次の目も引き出し、3ループを一度に引き抜く。

 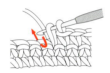 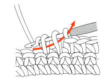 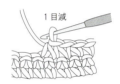

### 中長編み2目一度
1目めに未完成の中長編みを編み、次の目にも未完成の中長編みを編み、5ループを一度に引き抜く。

 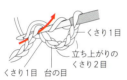 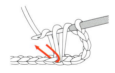 

### 中長編み2目編み入れる
同じ目に中長編み2目を編み入れる。

   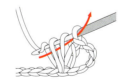 

### 長編み3目編み入れ
同じ目に長編み3目を編み入れる。

### 長編み2目編み入れ
同じ目に長編み2目を編み入れる。

  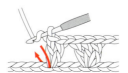 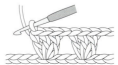 

Miya
あみぐるみ・ニットこもの作家。
妊娠・出産を機に2001年よりあみぐるみ作りを始める。「物語を感じるような作品作り」をモットーに、本や雑誌での作品発表の他、あみぐるみやニットモチーフを使った広告ポスターや年賀状などのデザインも手がける。また手芸メーカーのキットデザインやサンプルデザインの製作、JEUGIA カルチャーセンターららぽーと富士見と埼玉県の自宅にてあみぐるみ・ニットこもの教室を行うなど、活動は多岐に渡る。
＜主な参加出版物＞
「多彩な模様と配色のアイデア集 かぎ針で編む モチーフデザインBOOK」（日本文芸社刊）
「大きな編み図でかんたん！あみぐるみのかわいい仲間たち」（ブティック社刊）
「あみぐるみ　かわいいどうぶつのこどもたち」（マガジンランド刊）

編集　　武智美恵
デザイン　伊藤智代美
撮影　　島根道昌
　　　　天野憲仁
校正協力　Rikoリボン
トレース　樋口あゆみ

製作協力　m.oikawa
　　　　前原美和

ドールハウス　D&D愛好会
　　　　（Lamm、水上たんぽぽ、黒猫亭ルシアン、ふゆこ）
　　　　https://www.instagram.com/lamm_rock

素材提供　ハマナカ株式会社
　　　　http://www.hamanaka.co.jp
　　　　TEL 075-463-5151（代）

印刷物のため、作品の色は実際と違って見えることがあります。ご了承ください。本書の一部または全部をホームページに掲載したり、本書に掲載された作品を複製して店頭やネットショップなどで無断で販売することは著作権法で禁じられています。

## ヘアスタイルも変えられる
## 着せかえあみぐるみDOLL

2019年2月1日　　第1刷発行
2020年3月10日　　第4刷発行

著　者　　Miya
発行者　　吉田芳史
印刷・製本所　株式会社 光邦
発行所　　株式会社 日本文芸社
　　　　〒135-0001 東京都江東区毛利2-10-18
　　　　　　　OCMビル
　　　　TEL 03-5638-1660（代表）

Printed in Japan  112190115-112200225 Ⓝ04 （200009）
ISBN978-4-537-21645-5
URL https://www.nihonbungeisha.co.jp/
©Miya 2019
（編集担当 牧野）

乱丁・落丁本などの不良品がありましたら、小社製作部宛にお送りください。送料小社負担にておとりかえいたします。法律で認められた場合を除いて、本書からの複写・転載（電子化含む）は禁じられています。また、代行業者等の第三者による電子データ化及び電子書籍化は、いかなる場合も認められていません。